El camino al éxtasis

Elma Roura

El camino al éxtasis

Cómo salir del sufrimiento y vivir en
el gozo interior a través del tantra

© Elma Roura, 2020
© Ediciones Kôan, s.l., 2020
c/ Mar Tirrena, 5, 08912 Badalona
www.koanlibros.com • info@koanlibros.com
Todos los derechos reservados
ISBN: 978-84-18223-01-3 • Depósito legal: B-2.900-2020
Maquetación: Cuqui Puig • Diseño de cubiertas de colección:
Claudia Burbano de Lara • Ilustración de cubierta: Verónica Grech
Impresión y encuadernación: Liberdúplex
Impreso en España / *Printed in Spain*

1ª edición, marzo de 2020

Siempre al servicio.

ÍNDICE

PRIMERA PARTE: SALIR DEL SUFRIMIENTO

LA CAUSA DEL SUFRIMIENTO

¿QUÉ HACER CON LOS PENSAMIENTOS?

LAS EMOCIONES

NUESTRA ESENCIA

CIAO, CIAO, TERAPIA

TEMAS CLÁSICOS

LAS RELACIONES DE PAREJA

SEGUNDA PARTE: ADUÉÑATE DE TU PLACER

EL CAMINO TÁNTRICO EN LA VIDA

¡HOLA!

Con mucha ilusión te presento mi primer libro. Ha sido fruto de un recorrido largo y curioso. Nació en mitad de la vorágine de talleres y sesiones, allá por el 2012, tras la petición de muchas personas que me preguntaban cuándo escribiría un libro. Un día sentí el «sí» dentro de mí y, con ánimo de compartir mi experiencia, me puse manos a la obra.

Como no tenía práctica en este terreno y me resultaba complejo volcar mi historia al papel, busqué a alguien para que me acompañara en el proceso. Conocí a Josep, una persona con gran destreza en la creación de libros. Él me ayudó a plasmar lo que deseaba compartir, pero cuando estábamos llegando a la última etapa del proceso y tocaba revisar lo escrito, lo comencé a postergar. No encontraba el momento para dedicarme a esa tarea, no sentía el impulso de ir hasta el final. Dejé de escribir. Pasaron semanas, meses, ¡años! El libro quedó en un cajón hasta que un día la chispa se volvió a encender. Entre los asistentes a uno de mis talleres estaban las editoras de Kōan, Fernanda y Eva, que se acercaron a mí y me propusieron hacer un libro. Habían visto mi manera de trabajar. Era un buen inicio. Enseguida me entusiasmé con el proyecto y volvimos sobre aquel manuscrito postergado. Kōan es una editorial joven y llena de mimo. Me encantó la idea de que trabajásemos juntas. Volví a sentir ese «sí».

Y aquí estoy: tras quince años de experiencia, ha llegado el momento de publicar mi primer libro. Lo he escrito en mis tres lugares favoritos del mundo: Barcelona, Marrakech y Menorca. Y, con mucho cariño, aquí lo tienes para ti.

CÓMO LEER ESTE LIBRO

Te imagino leyendo este libro en tu sofá, en una noche de invierno, o durante un viaje, con ganas de encontrarte contigo mismo. Me encantaría que formara parte de tu vida cotidiana, que te sirviera tanto de libro de mesita de noche como de libro que inspirara tus momentos de expansión.

Puedes empezarlo por el principio y acabarlo por el final, como cualquier otro libro, pero también puedes leerlo de forma más espontánea. Mi propósito es que la lectura sea orgánica, como una conversación a la que te incorporas en cualquier punto y siempre te nutre. Un compartir plasmado en palabras.

No soy muy fan de los libros con textos largos. Las personas que me conocen saben que soy directa y que me gusta ir a lo esencial. Ojalá este libro te resulte inspirador y práctico al mismo tiempo.

He diferenciado dos partes: en la primera trato sobre cómo salir del sufrimiento; en la segunda, el camino hacia el placer, pero puedes saltar de una a otra siguiendo tu sentir. Este libro, como la vida, es algo vivo, desordenado. Así que puedes entrar y salir por donde quieras.

Como la teoría sin la práctica no es útil, también te propongo ejercicios para que puedas experimentar por ti mismo.

Deseo que este libro sea para ti un viaje de vuelta a casa.

UN VIAJE AL ÉXTASIS

En los últimos tiempos ha crecido el interés por el desarrollo personal en sus muy diversas formas. La mayoría de las personas, sin embargo, y quizá de una manera inconsciente, buscan en él un remedio instantáneo y puntual a un sufrimiento específico. Tratar de eliminar el sufrimiento de un momento particular, sin comprometerse a trabajar en el día a día para mantenernos libres de todo sufrimiento en el futuro, no funciona.

Estoy convencida de que venimos a este mundo para ser felices. Este es, de hecho, el mensaje más importante del libro. Pero necesitamos una forma más holística de entender la felicidad. Y necesitamos, sobre todo, comprometernos a trabajar en nosotros mismos.

Felicidad no significa, en contra de lo que se cree, sentirse bien. Esta es una de las grandes confusiones en torno al desarrollo personal y la espiritualidad. Es normal querer sentirte bien, sobre todo cuando estás mal, pero la espiritualidad no es un acto hedonista ni un espacio en donde vas a sentirte siempre alegre.

La felicidad es tu naturaleza. Es aquello que todas las vías místicas persiguen: un estado de consciencia, el éxtasis, el gozo, la paz más profunda.

La palabra *éxtasis* viene del griego *ekstasis* y significaba, en su origen, «salir de uno mismo». Nos da una pista sobre la importancia de abandonar la identificación con ese «yo» circunscrito al ego, que se vive como separado de los demás y del mundo.

El éxtasis no es un estado emocional, es nuestra naturaleza. Algo que ni siquiera se puede definir: se experimenta o no se experimenta. Es un *wooow*, un sentir que estás en el camino. Un paraíso no contrapuesto al infierno, porque lo abraza. Un paraíso que consiste en amar lo que es, incluso aunque en apariencia sea devastador. Hay quien lo confunde con sentirse bien o sentir placer, pero es algo diferente.

Cómo acceder a ese paraíso, a ese éxtasis, es lo que quiero compartir a través de este libro.

PRIMERA PARTE

SALIR DEL SUFRIMIENTO

LA CAUSA DEL SUFRIMIENTO

1

EL SUFRIMIENTO

Solo hay dos formas de vivir: sufriendo o en paz.

A nadie le gusta oír hablar de dolor o de sufrimiento. Sin embargo, todos, sin excepción, experimentamos en nuestras vidas estas sensaciones.

El sufrimiento es ese lugar donde todos hemos estado (o estamos) y donde nos sentimos insatisfechos. Donde experimentamos miedo, angustia, ansiedad o tristeza.

Muchas personas asocian la idea del sufrimiento a un intenso dolor físico o emocional, a sufrir una enfermedad física grave o estar en la cama con depresión. Para mí es un concepto mucho más amplio. Si tuviera que definirlo, diría que es «no estar al cien por cien de tu paz». Mucha gente dice: «Yo no sufro». Pero solo con que haya un uno por ciento de «no paz», ya es sufrimiento.

Por supuesto que sufrimos cuando experimentamos una pérdida, cuando sentimos dependencia emocional, cuando nos comparamos, nos juzgamos o nos menospreciamos. Pero el sufrimiento también es ese estado en el que «estoy bien, pero si pasara tal cosa estaría mejor». La mayor parte del tiempo estamos en una actitud de espera y deseo que no nos permite entrar en un estado de mayor plenitud.

Por ejemplo:

«Estoy bien, pero si mi pareja fuese más cariñosa, estaría mejor.»

«Estoy bien, pero si ganara más dinero estaría mejor.»

«Estoy bien, pero cuando adelgace diez quilos estaré mejor.»

Etcétera.

O, formulado de otra manera:

«Estoy mal porque aquel chico que me gusta no me corresponde.»

«Estoy mal porque me he quedado sin trabajo.»

«Estoy mal porque mi hija no es cariñosa conmigo.»

Incluso:

«Hoy tengo migraña. Si no la tuviera, estaría mejor.»

«Hoy está nublado. Si saliera el sol, me sentiría mejor.»

Etcétera.

Cada uno experimenta el malestar a su manera. Es una experiencia íntima e incomparable. Todos los sufrimientos que están ahí nos quieren comunicar algo.

Hay mucha gente que me dice: «esto que me pasa es una tontería, Elma. No debería darle importancia». La realidad es que no hay tonterías. Tu viaje es apostar por el cien por cien de tu paz.

2

DOLOR Y PLACER

Cuando nacemos tenemos una gran capacidad para sentir, pero la vamos perdiendo con el tiempo.

Nos creemos nuestros pensamientos, adquirimos creencias estresantes y al sentir ese dolor, nos protegemos. Nos cubrimos con capas de protección para que no nos haga daño. Nos desconectamos del sentir para no sufrir. La mente continuamente rechaza el dolor y se apega al placer. Emplea cualquier mecanismo de protección para evitar el dolor, incluso a costa de la quimera de buscar un placer permanente. Si sufrimos una pérdida, por ejemplo, tratamos de convencernos rápidamente de que no pasa nada, de que estamos bien, de que no hay que estar triste y hay que seguir adelante con alegría. Esta es una estrategia, pero existen muchas otras: comer, distraerse, hablar para desahogarse y sentirnos inocentes. Si dejamos que la mente construya estos artificios para evitar el sufrimiento, nunca llegaremos a interiorizar realmente lo que nos sucede, a incorporarlo, y nos alejaremos de la paz.

En la misma medida en que evitamos sentir el dolor también intentamos aferrarnos al placer, de modo que cuando se acaba nos sentimos desgraciados o vacíos. Ambos caminos conducen a un mismo destino: el sufrimiento.

Es por esto que vamos a enfocarnos en qué hacemos cuando nos encontramos tanto con el dolor como con el placer. En una escala de -10 a +10, si tienes una capacidad de sentir -4 tu propio dolor, tendrás una capacidad de sentir +4 el placer. Existe una correlación entre tu capacidad de sostener tus estados emocionales y de abrir la puerta a un placer mayor. Esto es lo opuesto a regodearse en los sentimientos, a dramatizar y a negar o evadirse de las propias emociones. Hay personas que ponen barreras emocionales porque no quieren sufrir. Si lo haces de forma efectiva, no sentirás tanto dolor, pero tampoco el gozo de la vida. Si aprendes a gestionar tu dolor de verdad (a dejarlo entrar y salir), lo natural será que tengas capacidad para disfrutar y para sentir la alegría de vivir.

Este camino tiene que ver con recuperar la capacidad de sentir.

3

EL SUBCONSCIENTE

Hasta los seis años grabamos en el cerebro la mayor parte de las creencias que nos acompañarán el resto de la vida. A partir de los tres, incorporamos el lenguaje, empezamos a nombrar las cosas, dándose inicio a todos nuestros aprendizajes básicos. Primero aprendemos a etiquetar los objetos. Por ejemplo, a un niño le enseñan que «eso» es una «mesa». Decir que ese objeto es una «mesa» es algo aprendido. De adultos nos parecerá algo obvio, pero no nos damos cuenta de que eso «es» sin necesidad de ser nombrado. «Eso» no es una «mesa», eso «es» y le hemos dado el nombre de «mesa».

Luego, aprendemos a etiquetar conceptos más abstractos como los números; aprendemos nociones como la vida, la muerte, el cuerpo, etc. Tras esto, etiquetamos las emociones: tristeza, alegría. Y reconocemos las cosas por su opuesto, la comparación. A partir de ahí aparece la moralidad: etiquetamos las cosas como buenas o malas y llegamos a conclusiones del tipo «la alegría es buena y la tristeza es mala».

Elaboramos creencias genéricas que luego vamos aplicando y reafirmando, de manera que acabamos creyendo, por ejemplo, que «se fue con otra porque ya no me quiere», que «me robaron porque la gente es mala y me tengo que proteger», que «si realmente mi padre me quisiera no se hubiera marchado de casa», etc. Este proceso construye nuestro mundo. Y estas creencias quedan grabadas en nuestro subconsciente.

Todo se almacena allí y esto sucede de distintas formas. La primera, que ya mencionamos, son las creencias que se graban en el subconsciente durante la primera infancia, de los 0 a los 6 años.

Otra forma es por repetición. Si de pequeños nos dicen que somos tontos de forma habitual, acabamos por creerlo y de adultos tendremos que luchar con esta creencia para superar problemas de autoestima. De igual manera, si de adultos vivimos con una persona que cada día nos dice «eres tonta», aunque tengamos desarrollada nuestra autoestima, es fácil que terminemos creyéndolo. Si cada día recibo lo mismo, el goteo acaba calando. Por eso es importante elegir bien las amistades y la pareja.

Los shocks emocionales también crean memorias en nuestro sistema nervioso. Ante sucesos inesperados, estresantes, el sistema nervioso se contrae y creamos asociaciones negativas: por ejemplo, un niño que sufre *bullying* en la escuela y que se culpa por ello. De adulto, esto sucede en mil y una situaciones, en el ámbito de la pareja, por ejemplo, o en el entorno laboral, cuando una relación se rompe de un día para otro o sufrimos un despido. El sistema nervioso es el que recoge toda esta información, y cuanto más relajado esté, más apertura a la vida habrá.

Nuestras creencias pueden grabarse o crearse desde un lado estresante o desde un lado positivo. En este libro desvelaremos de manera específica la manera en que se va fijando lo negativo. Luego veremos cómo crear memorias más amables en nuestro cuerpo.

Aquí encontramos la causa de nuestros patrones emocionales: creencias que hemos grabado a fuego y asociaciones creadas por aprendizaje que se fijan y se repiten.

Comprender esto es intuir que nuestra paz pasa por dejar de identificarnos con nuestras etiquetas.

4

¡VIVIMOS EN LA MENTE!

Nuestra sociedad es heredera de la Revolución Industrial, que nos ha dejado un legado muy intelectual, una sobrevaloración de lo racional. Sí, nos hemos vuelto muy racionales y hemos olvidado el contacto con el espacio que va más allá de la palabra. Aunque se hable cada vez más de inteligencia emocional, en la práctica se sigue favoreciendo la inteligencia racional. Muchas personas se pasan la vida viviendo en la mente, en la palabra, en el control, en la razón. Incluso en el desarrollo personal dedicamos horas y horas a reflexionar sobre lo que nos ha ocurrido, pero nos ocupamos muy poco de ello.

La inteligencia racional es útil, por supuesto, pero para construir edificios, para hacer la compra o para invertir bien tu dinero. Lo que da felicidad es saber estar presentes en el momento que nos toca vivir, y estar más en el cuerpo que en la mente, pues la mente nos lleva constantemente arriba y abajo. O, mejor dicho, atrás y adelante, del pasado al futuro y viceversa. La mente vive en el tiempo porque cree que es alguien, y por eso nos pasamos la vida recordando quiénes fuimos e imaginando quiénes seremos. Y así vivimos sin vivir, pues nos perdemos el único momento real, que es el presente.

Nuestra mente está hecha para etiquetar, comparar, deducir, interpretar, ordenar, analizar. Está acostumbrada a imaginar, anticipar y suponer. La mente está diseñada para sobrevivir, no para ser feliz. La conciencia es algo a cultivar. Si te dejas llevar por las etiquetas y las comparaciones de la mente, estás condenado a sufrir. Hay que trabajar.

Por desgracia, la mayor parte del tiempo vivimos desde la cabeza. Y la cabeza especula todo el tiempo, busca referencias e imagina, y ante cada situación, compara con lo que pudo haber sido y no fue, con lo que podría ser y no es, etc. Atrapados en ella, no nos damos cuenta de que el problema no está en lo que sucede, sino en lo que pensamos sobre lo que sucede.

La mente tiene como instrumento el lenguaje. El lenguaje es imprescindible para sobrevivir, pero puede ser una barrera para la felicidad. Cuando el niño empieza a adquirir la palabra, empieza a desarrollar la mente y con ella la dualidad: lo alto y lo bajo, el placer y el dolor, lo bueno y lo malo. El juicio. La palabra separa, crea dualidad. Mal utilizada, puede ser un gran obstáculo. Es por esto por lo que la mayoría de los libros de autoayuda no son suficientes: porque se dirigen a la mente pensante, porque están hechos de racionalidad y desde la racionalidad.

La felicidad no está en la mente. El camino tiene que ver con volver al cuerpo, recuperar nuestra capacidad de sentir y aprender a estar presentes.

En este libro, primero entenderemos cómo funciona la mente, la causa del sufrimiento, y después veremos cómo salir de ahí.

El calor de nuestros corazones despierta cuando nos atrevemos a vivir una vida de verdad, no una vida cómoda.

5

LA CAUSA DEL SUFRIMIENTO

Sufrimos porque nos creemos lo que pensamos. El sufrimiento viene de la interpretación que haces de la realidad. La realidad es como es. Podemos decir que es «neutra». La causa del sufrimiento está en discutir con la realidad o en negarla. Dicho de otra forma: el sufrimiento ocurre cuando decimos «no» a este momento, cuando rechazamos la realidad, cuando nos peleamos con lo que está pasando, sea lo que sea, desde lo más grave hasta lo aparentemente insignificante. El sufrimiento es la resistencia a lo que acontece en el presente. El sufrimiento es la resistencia al dolor. El sufrimiento es la resistencia a las emociones que aparecen. El sufrimiento es la resistencia a tus propios pensamientos. El sufrimiento es un «no» a este momento. El sufrimiento es discutir con la realidad. El sufrimiento es la no aceptación.

Si está lloviendo y no me gusta que llueva, me sentiré contrariada o incluso perturbada. Me quejaré amargamente o me enfadaré con el mundo. Ahora bien, ¿qué sentido tiene luchar contra algo que está sucediendo y que no puedo evitar?

Tampoco tiene sentido darle la espalda. Puedo decidir no salir de casa, por ejemplo, pero la vida es imprevisible y alguna vez la lluvia me pillará por sorpresa en medio de la calle. Si eso sucede, si estoy en la calle y empieza a diluviar, me mojaré y pelearme con ello me hará sufrir.

Date cuenta de una cosa: lo que te hace sufrir no es que esté lloviendo, sino el pensamiento «no quiero que llueva». Lo que te hace sufrir, en definitiva, es que dices NO a la realidad.

Se trata de vivir en armonía con lo que es, de vislumbrar que todo es disfrutable en su medida. Pero si te quedas en el pensamiento «no quiero que llueva», no puedes disfrutarlo. No digo que te obligues a pensar que la lluvia es maravillosa. Estamos observando la causa del sufrimiento, y la causa del sufrimiento es que te peleas con la realidad.

Esto es aplicable a situaciones más emocionales y más delicadas.

Si estoy teniendo una conversación con alguien que de repente me grita, y yo, en vez de ocuparme de ello (sea yéndome, poniendo un límite o lo que sea para mí en ese momento) me peleo, sufro. Si tengo una imagen paralela de cómo deberían ser las cosas, si me digo que el otro no debería gritarme, cuando la realidad es que lo está haciendo, sufro.

Primero hay que darse cuenta de la causa del sufrimiento y luego, ocuparse de ello. De lo contrario, estarás totalmente centrado en qué hacer en cada situación, pero pasando por alto que es tu propia pelea con la realidad la que te hace sufrir y te será más difícil salir de ese lugar de sufrimiento.

La realidad es lo que es. Ni bonita, ni fea. Lo que nos hace sufrir son las historias que nos contamos alrededor de ella. La realidad es como es, y un segundo después aparece tu historia. Y tu historia hace que te pelees con lo que está sucediendo.

Haz un listado y compruébalo por ti mismo.

Observa cómo siempre es así.

Si no aceptas la realidad, solo te queda sufrir.

6

LAS IMÁGENES

El sufrimiento es una hipnosis de las imágenes del pasado y del futuro que surgen en nuestra mente: darme cuenta de esto fue clave en mi vida.

Por ejemplo, si conozco a alguien que me interesa y no me llama, de forma automática aparecen imágenes en mi cabeza en las que veo que disfruta sin mí o que ha conocido a otra persona. ¿Son estas imágenes la realidad? No. Son fruto de mi imaginación. En este ejemplo es muy claro, pero vamos a complicarlo. Imaginemos que esta persona finalmente me llama y me cuenta que ha estado cenando con sus amigos. De forma automática, en mi mente se crea una imagen de él cenando con sus amigos. ¿Es real esta imagen? No. La realidad es que ha cenado con sus amigos pero la imagen que ha aparecido en mi cabeza no es real. ¡Boom!

Sin las imágenes, simplemente pasa lo que pasa. De manera neutral.

La dificultad reside, dado que vivimos en esta hipnosis, en darnos cuenta de que nos creemos las imágenes sin advertir que no son reales. Solo son imágenes.

Despertar es ver la diferencia entre lo que es real y lo que no.

La clave está en soltar las etiquetas, pero para soltar las etiquetas, primero hay que identificarlas. Y para identificarlas, hay que distinguir la realidad de la interpretación.

¡Vamos a ello!

7

PENSAMIENTOS QUE TE HACEN SUFRIR

Son aquellos pensamientos que se oponen a lo que está ocurriendo en este mismo momento:

- «No debería compararme con otros».
- «No debería ser tan inestable emocionalmente».
- «Lo que escojo no está bien».
- «Decidir es perder».
- «No debería aislarme».
- «Mi pareja debería quererme tal y como soy».
- «Soy demasiado impulsivo y cambiante».
- «Necesito que todo me divierta».
- «No sé qué hacer».
- «Voy a perder algo».
- «Me voy a equivocar».
- «Puedo cometer un error».
- «La vida tiene que ser justa».
- «No hago nada bien».
- «No hay suficiente tiempo».
- «Necesito una pareja para ser feliz y no la tengo».
- «Quiero que me llame y no lo está haciendo. Es egoísta».
- «Necesito que mi pareja sea más cariñosa».

- «He perdido mi oportunidad».
- «Tengo que aprobar».
- «Me he equivocado».
- «Quiero que me prestes atención».
- «No puedo confiar en él».
- «Mi jefe debería respetarme más».
- «Tengo razón».
- «Nunca podré dejar de fumar».
- «No tengo suficiente dinero».
- «Mi madre es demasiado estricta».
- «Mi hijo debería estudiar más».
- «No sirvo para esto».
- «No debería haber guerra en el mundo».
- «No soy digno de que me quieran».
- «Necesito superar esto».
- «Estoy demasiado gorda».
- «No debería tener ansiedad».
- «Soy muy inseguro».
- «No quiero sentir más vergüenza».
- «Debería estar ya dormido».

Pensamientos/creencias como los que acabas de leer nos conducen a sentir rabia, tristeza, frustración.

En realidad, lo que nos hace sufrir no son los pensamientos en sí, sino que nos los creemos: es la única causa de nuestro sufrimiento.

¿Sabes qué ocurre? Que muchas veces estamos en modo «inconsciencia total», porque no detectamos que lo que pensamos son creencias. Creemos que eso que pasa es la realidad en vez de darnos cuenta de que pasa lo que pasa y, un segundo después, aparecen todos los filtros de mi interpretación.

A menudo llega una persona a la consulta y empieza a contarme algo que le hace sufrir. Mi principal tarea consiste en que advierta que muchas de las cosas que acepta como verdaderas o reales son creencias que no sabe detectar.

El primer paso para salir del sufrimiento es identificar las creencias. Identificar cualquier pensamiento que produzca estrés. Ayuda mucho apuntar los pensamientos, observar hacia dónde viaja la mente y escribir los pensamientos con frases sencillas, tanto si viajas al pasado como si imaginas lo que ocurrirá en el futuro. Al apuntarlo, solo tienes que preguntarte: «Este pensamiento, ¿me da paz o estrés?».

Esto por sí solo no me va a sacar del sufrimiento, pero si primero no nos hacemos expertos en identificar todos aquellos pensamientos que nos estresan, olvidémonos del resto.

¿QUÉ HACER CON LOS PENSAMIENTOS?

8

ACEPTACIÓN O RESIGNACIÓN

Enseguida que afirmamos que el sufrimiento está causado por no aceptar la realidad, empezamos a intuir que salir del sufrimiento tiene que ver con una aceptación incondicional del momento. Y aquí es cuando entran las confusiones. Aceptar la realidad no significa resignarse y dejar de actuar. Al contrario, nos permite tomar decisiones con mayor claridad. Cuando estamos bajo el efecto de nuestros pensamientos, solo tenemos una opción: reaccionar. Reaccionar no siempre significa actuar de forma impulsiva. Ser reactivos también puede ser no actuar por miedo. Estar bajo el efecto de creerte tus pensamientos te resta opciones. No te deja ver con claridad. No te permite ocuparte de la situación. No hay libertad.

Aunque en la teoría entendemos estos conceptos, en la práctica confundimos fácilmente aceptación con resignación. Por ejemplo, cuando pensamos en la posibilidad de aceptar que nuestra pareja nos ha mentido, nos imaginamos erróneamente que esto es resignación. No es así. Si mi pareja me miente y estoy hipnotizada por el pensamiento «él me ha mentido», sentiré rabia, la frustración que genera la etiqueta y todas las imágenes mentales —pasadas y futuras— que la acompañan. Si aprendemos a cuestionar estas etiquetas, podremos simplemente ocuparnos de la situación con mayor claridad. La claridad es el lugar al que debemos aspirar. Para tomar decisiones, primero busco una mente clara y después veo hacia dónde quiero ir.

Habrá quien piense: «Sí, Elma, pero él me ha mentido y es una realidad». Sí, es una realidad que él dijo lo que dijo e hizo lo que hizo, pero de lo que se trata es de que dejemos de estar hipnotizados por lo que significa para nosotros lo que nuestra pareja hizo. Con una mente clara podemos quedarnos ahí o entablar una conversación con él, escucharle, marcharnos...

Aparecen posibilidades que, debido a la historia que nos contábamos sobre lo que debería haber pasado, no contemplábamos.

Primero aceptamos que la realidad es la que es y luego vemos qué hacemos. La realidad manda y tomar decisiones es consecuencia de una mente clara. Sucede que no solemos tomar decisiones, sino reaccionar a las historias que nos contamos, a los pensamientos. Las decisiones suceden solas. Son consecuencia de una mente clara.

9

LOS PENSAMIENTOS VIENEN Y VAN

Los pensamientos, absolutamente TODOS los pensamientos que tenemos, tanto los que consideramos «agradables» como los «desagradables», aparecen para desaparecer. En el momento en que entran en nuestra mente se están preparando para salir. A no ser que nos apeguemos a ellos.

¿Podemos controlar los pensamientos? No. Controlar los pensamientos es una de las grandes ilusiones y trampas del desarrollo personal. Queremos manejarlos, queremos que sean positivos y queremos que algunos de ellos no aparezcan más en nuestra vida.

No somos los creadores de nuestros pensamientos y, por tanto, no podemos evitar que aparezcan. Los pensamientos se crean y destruyen por sí solos, sin más. Es nuestra identificación la que hace que permanezcan más tiempo con nosotros. Lo único que podemos hacer es ocuparnos de ellos. Desidentificarnos, desapegarnos.

10

PENSAMIENTO POSITIVO

El pensamiento positivo se ha convertido en una moda en los últimos años. Cuando nos acercamos al ámbito del desarrollo personal, inconscientemente empezamos a querer tener más pensamientos positivos y eliminar los negativos. Esto no funciona.

El deseo de tener pensamientos positivos oculta los negativos, ahora en bambalinas, pero que siguen ahí, por mucho que nos enfoquemos en los positivos. Si me siento fea y me miro al espejo y me digo que soy guapa, por mucho que lo repita, seguirá operando el primer pensamiento.

Los opuestos siempre van de la mano. Tras un pensador positivo se esconde un pensador negativo. Uno pretende encubrir al otro, pero tarde o temprano esta ilusión se pone de manifiesto.

Anular una creencia sustituyéndola por otra no deja de perpetuar la misma dinámica y hacer que ese dolor interno que se vive se mantenga intacto. Por eso no creo en las afirmaciones. Hay que trabajar en un nivel más profundo, yendo a la raíz, para desidentificarnos de todo aquello que nos estamos creyendo y que nos estresa.

Como dice Rumi: «Tu tarea no es buscar el amor sino encontrar dentro de ti todas las barreras que has construido contra él». Si me libero de mis creencias estresantes, lo amable aflorará. Si me libero de la idea de que soy fea, me veré bella. Se trata de que mi experiencia sea real y no impuesta.

El pensamiento positivo, como método para ocultar el pensamiento negativo, es una pérdida de tiempo.

11

CUESTIONAR LOS PENSAMIENTOS

El primer paso consiste, como hemos visto, en identificar los pensamientos estresantes. El segundo, en cuestionarlos. Cuidado: se trata de cuestionar, no de eliminar ni sustituir ni transformar nada.

Cuestionar es poner en duda. Nace con la pregunta. En vez de buscar respuestas y pensamientos positivos, nos haremos buenas preguntas.

Ante una determinada situación, solo tenemos dos opciones: pedir y obtener lo que queremos, o, si no es posible obtenerlo, cuestionarlo. Por ejemplo, llego a casa, quiero un masaje y se lo pido a mi pareja. Si me dice que sí, estaré feliz, pero si me dice que no, pelearme con la realidad va a ser causa de sufrimiento. En ese momento es importante cuestionar lo que pienso. Quiero un masaje, ¿es verdad? Este sería el inicio del trabajo de cuestionar lo que pienso.

Otro ejemplo: si llego a casa y necesito que mi pareja me escuche, puedo decirle: «Cariño, ¿tienes cinco minutos?». Si la respuesta es sí, será genial. Si la respuesta es no, voy a cuestionarme si lo necesito, porque la realidad es que no me lo está dando.

Cuestionar, cuestionar, cuestionar. Esta es la clave.

Es una revolución. Un cambio de paradigma.

Antes de cerrar la primera parte de este libro, te mostraré específicamente una técnica que te ayudará a cuestionar tus pensamientos. Pero primero vamos a explorar otras cuestiones importantes sobre los pensamientos, las emociones, la toma de decisiones y temas como la falta de autoestima o el hambre emocional.

12

PIENSO, SIENTO, HAGO

Primero pienso, luego siento, después actúo (o no).

Por ejemplo, si me he propuesto ir al gimnasio, pero la realidad es que no lo estoy haciendo, es posible que se deba a que me da pereza ir (emoción). Pero la emoción es una consecuencia de que estoy creyendo un pensamiento como «no pasa nada si hoy no voy».

Porque creo en lo que creo, siento lo que siento y después, hago o no hago. Estamos demasiado enfocados en notar nuestras emociones cuando, en realidad, lo que hay detrás de ellas son pensamientos. De ahí que sea tan importante identificarlos.

Si quieres fluir en una relación, en un proyecto, o en cualquier cosa que te propongas y no avanzas, pregúntate: ¿qué estoy creyendo?

13

LA REALIDAD MANDA

Necesito lo que tengo. Si no lo tengo, no lo necesito.

La realidad es lo que necesito. Por tanto, si no está pasando es que no lo necesito.

LAS EMOCIONES

14

LAS EMOCIONES

Las emociones son un semáforo. Cada vez que experimentas rabia, tristeza, miedo, ansiedad, significa que te estás creyendo un pensamiento. Las emociones son un indicador. Una consecuencia. No son el origen. Sería algo así como tener fiebre. Ella te indica, por ejemplo, que tienes una infección. ¿Qué pasaría si tu cuerpo no manifestara la fiebre? Podrías morir.

Con las emociones sucede lo mismo. Si no tuviésemos mecanismos para reconocer nuestro malestar, viviríamos desconectados, sin maneras de entender nuestro mundo.

Emociones como las antes mencionadas son indicadores de qué pasa en tu mundo. ¿De qué nos habla la tristeza? De una no aceptación del pasado. La rabia, de una no aceptación de la realidad tal y como es. La tristeza y la rabia suelen ir juntas. El miedo nos habla de una película que nos contamos sobre el futuro. La ansiedad nos muestra una mente acelerada, orientada al futuro. El miedo y la ansiedad están relacionados también.

Cuando sentimos las emociones, lo único que tenemos que hacer es preguntarnos: ¿Qué me estoy creyendo?

En la actualidad, estamos viviendo los inicios del aprendizaje emocional. No sé quién eres ni qué edad tienes, pero en España, la generación de nuestros abuelos y bisabuelos vivieron la posguerra, en la que padecieron hambre. Cuando prevalecen las necesidades primarias, como la del alimento, las personas no tienen acceso a su mundo emocional, trabajan para sobrevivir. Solo en la medida en que las necesidades básicas se fueron satisfaciendo, aparecieron, en las distintas generaciones que la sucedieron, preguntas que apuntaban a un plano más existencial. Así, a la austera generación de la posguerra siguió la del *baby boom*, una época de paz y explosión demográfica que trajo un despertar de la ambición. Le sucedió la generación X, obsesionada con el éxito. Más tarde, la generación Y, caracterizada por un sentimiento de frustración. Hoy en día asistimos al surgimiento de la irreverente generación Z. ¿La vida es estudiar, trabajar, crear una familia y morir? Cubrir los aspectos de la supervivencia habilita nuevas preguntas existenciales. Hoy en día, cada vez más personas prestan atención a su mundo interior, a las cosas que les pasan por dentro, y tímidamente comienzan a ponerle nombre: ¡Esto es ansiedad!, o bien, ¡esto es miedo!

Y no solo le ponemos nombre, sino que empezamos a comprender por qué nos pasa lo que nos pasa. Siento rabia porque he tenido un modelo de familia en el que, cuando había conflictos, se gestionaban a través del enfado. Estoy triste porque he aprendido que no está bien pedir lo que necesito.

Esto me recuerda al niño que aprende a poner palabras a lo que lo rodea y etiqueta todo su mundo. ¿Es necesario? Sí. Pero te esclaviza. Lo mismo nos sucede a nosotros cada vez que etiquetamos lo que nos ocurre. Forma parte de nuestro proceso de evolución, pero no es el final. Lo que nos transforma no es entender lo que nos pasa, sino ocuparnos de ello. Para ocuparnos de ello, vamos a tener que volver a hacernos la buena pregunta: ¿Qué estoy creyendo para sentir lo que estoy sintiendo?

Lo que nos hace sufrir no es sentirnos mal, sino la resistencia a sentirnos mal. Tenemos doble trabajo: por un lado, ocuparnos del pensamiento «no quiero sentirme así», por otro, ocuparnos del pensamiento que hay detrás de esa emoción de tristeza, rabia o ansiedad.

La mayoría de las personas a las que trato dedican mucho tiempo a querer que se vaya la emoción. Hacen cosas para que esto suceda. Por ejemplo, tratan de relativizar la emoción diciéndose que no pasa nada por sentir lo que sienten. O bien tratan de animarse pensando que al día siguiente estarán mejor. Otras, racionalizan por qué se sienten así. Algunas se pelean con la emoción, entrando en bucle en su deseo de que se vaya. Otras se evaden para apaciguar la emoción, comiendo, fumando o con el sexo. Existen un sinfín de estrategias que ponen de manifiesto que no quieres sentir lo que sientes. ¡Y lo olvidaba...! ¡La moda *New Age*: «siéntelo, siéntelo»! Pero ¿qué es sentir?

Mientras rechacemos lo que sentimos, seremos incapaces de sentir. Y esto conlleva una gran pérdida de tiempo. ¿Qué estoy creyendo para sentir lo que siento ahora? Una pregunta sencilla, pero profunda.

Las emociones no están hechas para quedarse, sino para irse. Es nuestro apego a ellas lo que hace que se queden más tiempo del necesario en el cuerpo. Por eso es tan importante identificar los pensamientos.

Si, aunque sea solo por un momento, renuncias a la tendencia angustiosa que tenemos todos a aferrarnos a los pensamientos, alcanzarás la mayor de las libertades: te liberarás de tus propios apegos y descubrirás que es posible poner fin a tu sufrimiento.

15

LISTADO DE EMOCIONES

El primer paso siempre es identificar y, por tanto, es importante tomar conciencia en detalle de qué estoy sintiendo específicamente. Salir del modo «estoy bien» o «estoy mal» como únicas respuestas a la pregunta «¿cómo estás?». Hay muchas personas que no pueden conectarse con su parte emocional y tienden a ser muy vagas o imprecisas a la hora de describir lo que sucede dentro de ellas.

Por esta razón, pienso que puede serte de utilidad este listado de emociones, con sus matices. ¿Te identificas ahora con alguna de ellas?

TRISTEZA: deprimido, decepcionado, desanimado, desvalorizado, angustiado, sentimiento de soledad, frágil, devastado, melancólico, humillado, rebajado, herido, dolido, sentimiento de víctima, con el corazón roto, vacío, incapaz, apegado.

IRA: enfadado, irritado, vengativo, envidioso, agresivo, furioso, agitado, cortante, amargado, controlador, enfurecido, rencoroso, susceptible, explosivo, impaciente, sarcástico, celoso, irrespetuoso, serio.

MIEDO: fóbico, temeroso, aterrorizado, cobarde, obsesivo, incapaz, paralizado, preocupado, inepto, fracasado, alarmado, indeciso, desconfiado, ansioso.

SHOCK: desconectado, obtuso, insensible, petrificado, rígido, paralizado, frío, sin reacción, robótico, tieso.

Si te identificas con alguna emoción, ¿qué estás creyendo para sentir esto que sientes?
Anímate a poner en práctica este ejercicio.

16

VACIARSE

Las emociones que no gestionamos se van acumulando hasta que se desbordan y nos desbordan. Hasta que nos ahogan desde dentro.

Imagina un vaso. Ese vaso eres tú. Cada día vives situaciones que te provocan emociones que, como si fueran agua, van llenándote. Si sigues acumulando agua sin parar y no vacías el vaso, llega un momento en que se desborda.

Cada emoción negativa que sientes a lo largo del día es un poco más de agua que echas en tu vaso. Esas emociones no tienen por qué originarse en situaciones dramáticas ni en traumas del pasado. Todos los días nos ocurren pequeñas cosas que nos llevan a emociones «negativas» : una discusión con un compañero de trabajo, una llamada de teléfono incómoda, un desencuentro con la pareja o con un hijo, una desilusión frente a algo que esperábamos conseguir y salió mal. Pero lo importante no es lo que nos ha pasado, sino lo que hemos pensado a raíz de eso que nos ha pasado. Porque ese pensamiento es el que nos ha provocado la emoción que consideramos «negativa», no el hecho en sí mismo.

Es saludable vaciar cada noche el agua acumulada para empezar el día siguiente con el vaso vacío. El primer paso es detectar cuáles han sido los pensamientos que nos han llevado a las emociones que hemos sentido durante el día. Quizá al principio te resulte difícil detectar qué pensamientos han originado las emociones, pero con un poco de práctica puede lograrse. Durante unas cuantas noches, antes de irte a dormir, piensa en las situaciones que, durante ese día, te hicieron sentir alguna emoción negativa. Por ejemplo, puede que hayas discutido con una compañera de trabajo porque le pediste cambiar el turno y ella se negó. Tu pensamiento a lo mejor fue: «Ella debería ser más flexible» o «yo siempre la ayudo y ella a mí no».

Esta es una práctica que puedes empezar a aplicar ya mismo. Llevar un diario personal en el que, cierras tus ojos, contactas con la emoción y, cuando la tienes identificada, la apuntas. Si eres una persona que no se deja llevar tanto por sus emociones, trata directamente de identificar tus pensamientos y anótalos.

Más adelante te explicaré la práctica del vaciado. Mientras, haz tu listado de pensamientos y respira enfocándote en la exhalación para ir soltándolos. Es un buen comienzo antes de entrar en el capítulo sobre la herramienta para gestionar los pensamientos.

Te recomiendo que realices esta práctica por las noches.

17

DEJAR DE ETIQUETAR

Al ego le gustan las clasificaciones y las comparaciones, el juicio, pues refuerzan su existencia. Una vez tenemos identificada la emoción, comenzamos el proceso de desidentificación, lo que comúnmente llamamos «soltar la emoción». La práctica que voy a describir a continuación es especialmente recomendable para quienes, por falta de práctica o porque se sienten muy abrumados, no saben gestionar sus pensamientos, que son el origen de la emoción, y a quienes resulta imposible identificar el pensamiento. También es muy útil para todos aquellos que tengan tendencia a entrar en shock. Este se experimenta como una parálisis corporal, como si se te congelara el cuerpo. Resulta difícil ponerle nombre a lo que sientes.

Sea donde sea que estés, siéntate o túmbate, cierra los ojos y pregúntate dónde está la sensación más intensa. Es muy útil observar, una vez tengamos identificado el malestar en el cuerpo, que la mente se dedica a viajar a distintos sitios, recordando situaciones o imaginando y viajando a través de imágenes. Es algo automático y por tanto no somos conscientes de que sucede, pero, si nos centráramos solo en las sensaciones y permaneciéramos ahí, llevando a ese punto la respiración y sin dejarnos llevar por nada más, nos daríamos cuenta de que la emoción es efímera. Siempre acaba por disiparse.

¿Cómo sería sentir lo que sientes sin la etiqueta de que esto es tristeza, rabia, ansiedad, miedo...? Coloca el ojo de tu mente solo en la sensación, como si no existiera nada más. Las emociones no están hechas para quedarse. Una vez llegan, están preparadas para irse. Es nuestro apego a ellas lo que hace que se queden más tiempo en el cuerpo. Es el apego a los pensamientos lo que hace que las emociones se fijen en el cuerpo. El pensamiento es una experiencia mental y, por tanto, si solo nos quedamos en la sensación, liberamos la experiencia mental que la ha producido y simplemente dejaremos que la emoción viva para que pueda morir.

Una vez más te invito a que experimentes esta práctica.

NUESTRA ESENCIA

18

LA MONTAÑA RUSA

Dice Sócrates que «las verdaderas batallas se libran en nuestro interior». Cierto. Siempre estamos peleándonos con nuestros pensamientos y, por ende, con nuestras emociones. ¡La vida sucede por dentro! Para vivir en la paz y desde la paz necesitas bajarte de la montaña rusa en la que vivimos. La paz es un estado interno, no una emoción, pues va más allá de la emoción, la trasciende. Tu cuerpo es un contenedor cuyo contenido son tus pensamientos y tus emociones. Tú no eres tu contenido. Tu trabajo es sostener, abrazar, aceptar ese contenido, porque si te identificas con él, sufres. El aprendizaje es que no hay que eliminar nada sino desidentificarse.

Tú no eres tu contenido.
Tú no eres tu contenido.
Tú no eres tu contenido.
Tú no eres tu contenido.
Tú no eres tu contenido.
Tú no eres tu contenido.
Tú no eres tu contenido.
Tú no eres tu contenido.
Tú no eres tu contenido.
Repítetelo. Cuantas más veces, mejor.

¿Te das cuenta del tiempo que perdemos con el contenido? Nos pasamos la vida dramatizando, dándole vueltas o negando el contenido. El viaje está en permitir que el contenido viva sabiendo que tú no eres eso.

En cierta ocasión preguntaron a Eckhart Tolle, el autor de *El poder del ahora*, si después de iluminarse había vuelto a sentir tristeza. Él contestó: «Sí, muchas veces. Pero simplemente estaba ahí».

No le afectaba porque se había dado cuenta de que él no era sus emociones, de que las personas no somos lo que sentimos o pensamos, pues en nosotros hay algo permanente, y las emociones y los pensamientos son pasajeros.

Esto es el despertar de la conciencia: darse cuenta de que podemos observar nuestras emociones y nuestros pensamientos, y que por tanto no somos lo observado, sino el observador.

19

EL GOZO

El éxtasis es nuestro estado natural cuando somos capaces de liberarnos de nuestras ataduras mentales y emocionales. El éxtasis puede ser otra manera de hablar del gozo, de la paz, de la iluminación, de la conciencia, de la dicha. Son diferentes nombres del camino hacia un mismo lugar. El gozo es nuestro estado natural. Es por eso que toda la paz que anhelas está detrás de tus pensamientos. Cuanto más identificado estés con tus pensamientos, más emociones vas a experimentar y más alejado de tu paz te vas a sentir. Esto no significa que no lo pasemos mal cuando algo nos hace daño. El dolor forma parte de la experiencia humana. Pero la causa de tu sufrimiento es que te identificas con tus pensamientos, con tu contenido. Detrás de eso, habita la paz.

El éxtasis es integrar cualquier cosa que estemos viviendo, sea lo que sea; es decir, sentirnos en paz con lo que la vida nos trae en cada momento. Cuando digo «integrar» me refiero a hacer las paces con lo que hay, abrazarlo. Por ejemplo, si en este momento estoy sintiendo rabia porque una persona que me atrae no me corresponde, la paz consiste en aceptar esa rabia, sentirla y acogerla. Hacer con mis emociones lo mismo que hace una madre con su bebé cuando llora: abrazarlo y acompañarlo en su llanto, intentar entender lo que le sucede y consolarlo. Tenemos que tratarnos a nosotros mismos como si fuéramos nuestra propia madre. O, para expresarlo de otra manera, el camino pasa por desidentificarnos de nuestros pensamientos, lo cual produce la desaparición de las emociones que ellos generan.

Descargar la rabia hacia afuera o integrarla es muy distinto. Si me siento mal y empiezo a gritarle a la persona que tengo al lado, estoy descargando mi rabia contra ella. Me desahogo un poco, pero no integro la rabia, solo la expreso. Expresar puede ser necesario para algunas personas en una fase inicial, sobre todo para personas emocionalmente muy reprimidas. Son, por ejemplo, aquellas que van a un taller de crecimiento personal y de pronto explotan y lloran y gritan y sacan a la luz sus sentimientos porque se sienten en un entorno seguro que les permite hacerlo. Y está bien, pero siempre que sepamos que integrar es otra cosa: es interiorizar, asimilar, incorporar.

Para vivir en nuestra naturaleza, en nuestra esencia, hay que trabajar para dejar de rechazar nuestro dolor emocional y dejar de apegarnos al placer. Si cuando siento dolor, lo acepto, lo acojo y lo integro, acaba por disolverse y me quedo en paz. Si, en lugar de eso, lo evito y me refugio en cualquier pasatiempo, ese dolor vuelve a mí de una forma u otra, al cabo de un rato, de unos días o incluso de unos años.

Hay quien se acerca a la espiritualidad porque en el fondo no quiere sentir ciertas cosas, no quiere sufrir, no quiere que le pase nada «malo». Pero eso es condenarse: tarde o temprano tenemos que vivir experiencias de todo tipo, entre ellas, algunas dolorosas: alguien nos traicionará, perderemos a un ser querido, experimentaremos el rechazo o la soledad, caeremos en la depresión, etc. Estaremos expuestos, en definitiva, a sentir.

La espiritualidad no tiene que ver con no sentir. Todo lo contrario: tiene que ver con «sentirlo todo». Todo lo que sientas estará bien. La espiritualidad es el camino hacia la verdad y la realidad, por tanto hay que reconciliarse con la realidad. Y si ésta produce dolor, hay que abrazar ese dolor y trabajar con los pensamientos y las emociones para dejar de sufrir.

A menudo buscamos el placer para no sentir el dolor, pero cuando desaparece el placer, que suele ser efímero —porque es una mera evasión—, el dolor sigue ahí. No es lo que hacemos sino el lugar desde donde lo hacemos lo que puede convertir al placer en una evasión. Por ejemplo: si salimos a tomar unas copas con unos amigos y lo pasamos genial, esto es una expresión de nuestro lado hedonista sano. Si, por el contrario, estoy en la cena pero no me siento conectado con mis amigos y bebo para abandonar esa emoción y pasarlo bien, la motivación es muy distinta. ¡No es lo que hacemos sino desde dónde lo hacemos!

El gozo es hacer las paces con lo que acontece en cada momento. La verdadera felicidad no es la experiencia del apego al placer ni del rechazo al dolor, sino una integración de ambas realidades.

La felicidad no es un estado emocional.

¿QUÉ PASA CON LA ALEGRÍA?

En los capítulos anteriores hemos hablado de emociones negativas como la tristeza, la ira, el miedo. Pero ¿qué pasa con las positivas, como la alegría, el entusiasmo o el optimismo? Calificar a las emociones de «negativas» o «positivas» es utilizar etiquetas y ya hemos hablado mucho de lo que esto significa. Pero es inevitable usar un lenguaje para acercarnos a lo que queremos transmitir.

Las emociones positivas también son una consecuencia de estar creyendo algo.

La alegría es la experiencia de creer que lo que te ha ocurrido es más positivo que negativo. El optimismo puede confundirse con creer que todo lo que vendrá es más positivo que negativo. Del mismo modo que la esperanza, que habla de un futuro que no existe en el que crees que pasará algo positivo.

¿Son malas? No, en absoluto. Pero debemos ser conscientes de que también son producto de estar creyendo algo.

Por ejemplo: si la persona que me gusta responde a mi mensaje según mis expectativas, estaré feliz. Pero esa emoción positiva es producto de creer que le gusto porque responde lo que yo quiero.

El pensamiento me lleva a la emoción. Me estoy creyendo algo. No hago un juicio de valor, no está bien o mal, pero es bueno darse cuenta de que sientes lo que sientes porque crees lo que crees.

Fijémonos en este caso: cuando te separas de alguien que en realidad sabes que no te conviene, pero sigues apegado, vives con la esperanza de que volverá. El pensamiento de que «todo se arreglará, solo necesita tiempo» o «si volvemos, esta vez será diferente, irá bien» es lo que crea esperanza. Esa esperanza hace que me quede más tiempo en un lugar donde sé, en el fondo, que no debería estar, que es un «no».

Como con los pensamientos dolorosos tenemos mucho de lo que ocuparnos, en principio solo trabajaremos aquellos pensamientos que nos estresan. En el caso de que detectemos un pensamiento positivo que sea también limitante, como los que vienen de la esperanza, también lo trabajaremos. En todo caso, lo más importante ahora es comprender que ni siquiera somos nuestras emociones positivas. No somos nuestro contenido. Nuestra naturaleza va más allá de las emociones, no importa si son «positivas» o «negativas». Tú eres paz, armonía, conexión y amor en esencia.

CIAO, *CIAO*, **TERAPIA**

EL ARTE DE VIVIR

En mis talleres y consultas hay preguntas recurrentes. Por ejemplo: «¿Tengo que aceptar siempre lo que haya, incluso si mi pareja quiere irse con otra persona?». Aquí de nuevo confundimos aceptación con resignación. Y esa no es mi propuesta. Mi propuesta es que te ocupes de lo que es tuyo: tus pensamientos, tus emociones y tus acciones. El problema es que queremos actuar sin hacer el trabajo previo de desidentificarnos de nuestros pensamientos, por eso solo reaccionamos.

¿Qué estoy creyendo en relación con lo ocurrido? Escribirlo, darme cuenta de la película que me cuento cuando eso ha ocurrido, las imágenes del pasado o del futuro, mis pensamientos, mis emociones, mis acciones, sí son mi asunto. Con quién quiera estar mi pareja, es el suyo.

También suelen preguntarme: «¿Y tú no sufres?». Sí, cada vez que experimento emociones, que me creo mis pensamientos, sufro.

Hay que poner atención en este punto. Querer dejar de sufrir «para siempre» es otra resistencia a la vida. No me interesa ese juego. No me inquieta sufrir. Mi trabajo es saber salir de mi infierno. Es de lo único que me tengo que ocupar. Vivir, vivir al máximo, y si algo duele, ocuparme de ello.

Comprender esto fue un gran clic en mi vida, como lo fue encontrar buenas herramientas para darme permiso de arriesgar, vivir con intensidad y sin miedo de caer en el infierno, herramientas para saber salir de él.

La única diferencia que puede haber entre tú y yo es que, aunque los dos bajemos al infierno, hasta ahora tal vez tú no sepas cómo salir de él.

El arte de vivir consiste en desarrollar la capacidad de autogestionarnos en cada momento, en que te conviertas en tu propio maestro, en tu propio padre y en tu propia madre, en que hagas tu camino, que es único y singular, en que brilles con luz propia.

¡Vive! Y si algo duele, identifica los pensamientos y luego cuestiónalos.

22

LA TERAPIA

Hay herramientas mejores que otras. Para mí, las que trabajan con la causa del sufrimiento —que es estar identificado con tu contenido, para aprender a desidentificarte de él—, son las más eficaces. Muchas personas siguen buscando la píldora de la felicidad. Quizá, al leer esto, no te sientas identificado, pero permíteme hacer de abogado del diablo: ¿Qué herramienta usas a diario para trabajar con tu diálogo interno? ¿Cómo te ocupas específicamente de las pequeñas cosas que te suceden en el día a día? ¿Sabes cómo hacerlo?

Saber lo que te ocurre, decirte cosas para hacerte sentir mejor: ¿Te funciona? ¿Te funciona siempre? Lo pregunto en serio: ¿Cómo haces para gestionar cada una de las cosas que te ocurren en el día a día? Sin una práctica diaria, sin una metodología realmente eficaz, seguirás siempre en la búsqueda.

Puedes acudir a diferentes terapias para sentirte mejor, desde una constelación familiar hasta unas flores de Bach, desde homeopatía hasta una sesión de reiki. Puedes hacer Gestalt, trabajo con el niño interior, bioneuroemoción, y tres mil cosas más. Todo esto te puede nutrir, pero si te limitas a recibir estas terapias sin hacer un trabajo diario propio, no te resultará suficiente. El uso de herramientas terapéuticas puede ayudar siempre y cuando no esperes pasivamente que te salven. Tienes que asumir la responsabilidad de tu crecimiento o tu sanación.

Muchas terapias o técnicas tienen un efecto positivo en el momento en que se aplican, pero pierden eficacia si la persona no se compromete luego con un trabajo diario sostenido en el tiempo. Bueno, no es que estas técnicas no sean efectivas en realidad, fueron efectivas ayer, cuando las hice, pero ¿y hoy? ¿Qué hago delante de la dependencia que siento hoy cuando espero un mensaje que no llega? ¿De qué te sirve entender que se debe a tu falta de autoestima? ¿Te funciona esta explicación? ¿Te funciona afirmar frente al espejo que tu valor no depende de la opinión del otro? Estoy segura de que sabes la respuesta. Así que necesitamos herramientas realmente eficaces, que nos permitan autogestionarnos en el día a día, que vayan más allá de las explicaciones y que nos lleven de la identificación a la desidentificación.

La terapia no es suficiente para acabar con el sufrimiento. Puede servirte para entender, desahogarte, expresarte, pero no erradica el sufrimiento.

Expresarse o desahogarse forma parte del proceso. No es bueno reprimir ni negar las emociones. Por tanto, tiene sentido darles espacio, poder expresarlas. Pero expresar no es integrar. Si no lo integras, el diálogo interno limitador sigue ahí.

Por otro lado, muchas de las terapias que seguimos nos ayudan a entender por qué me pasa lo que me pasa, por qué me sigue pasando, a entender cómo funciono, cómo es mi personalidad, mi energía, mi árbol familiar, los patrones emocionales a los que estoy arraigado. La terapia me aporta el darme cuenta de que tengo falta de autoestima, que mis acciones son consecuencia de lo que he aprendido en mi casa, que mi linaje familiar, femenino o masculino, está herido, que el abandono que sufrí en la infancia condiciona mis relaciones con los hombres o con las mujeres, etc.

Es decir, este tipo de terapias nos ayudan a entender los por qué y los para qué me pasa lo que me pasa.

¿Y está esto mal? ¡No! Pero se queda corto.

Entender, comprender, reflexionar, no deja de ser una experiencia mental. ¿Y cómo vas a salir del sufrimiento desde la mente si es justamente la mente la que crea dicho sufrimiento? La fase de comprender es importante. Solo que entraña el peligro de que nos acomodemos en ella y nos quedemos ahí. Al ego le da seguridad poner etiquetas a lo que te ocurre. Al ego le dan tranquilidad las definiciones, las reflexiones y las conclusiones. Pero de lo que se trata es de ocuparnos de cada cosa específica que nos pasa.

En mi caso, como persona muy emocional y apasionada, me llevó tiempo dejar de darle vueltas a ese mundo de emociones que me sobrepasaban. Me di cuenta de lo fácil que era para mí necesitar entender por qué me pasaba siempre lo que me pasaba, hasta que empecé a ir a la raíz. Recuerdo que, en una época, siempre decía que tenía una lucha interna entre lo que pensaba y lo que sentía. Con el tiempo, entendí que no se trataba de dos tendencias contrarias: lo que sientes depende de lo que piensas. Es un estado mental. Y debemos dejar de estar identificados con él.

Realizar talleres de fin de semana está bien. Mejor si esos talleres ofrecen prácticas que se pueden llevar al día a día, de otra manera, se nos quedarán cortos.

Insisto, aunque suene repetitiva, porque esto suele generar mucha confusión: lo que nos proporciona una base firme es tener herramientas para el día a día que nos permitan dejar de identificarnos con todos aquellos pensamientos que nos estresan, el resto son complementos.

Todo lo que has hecho y haces tiene un sentido, y forma parte de tu proceso, pero si quieres experimentar de verdad cómo es posible erradicar el sufrimiento de tu vida, tendrás que aprender a acompañarte en tus procesos emocionales, día a día. La paz solo es posible «ahora», y es ahora cuando tienes que saber darte esa práctica que te devuelva a la paz.

Lo que realmente funciona y sana es la observación y la aceptación de lo que hay. Y la meditación, pero no aquella de retirarse a un monasterio o a una casa rural de vez en cuando, sino la meditación como forma de vida. Es decir, llevar la meditación a tu día a día.

Sigamos profundizando en ello.

23

LA MEDITACIÓN

Lo que verdaderamente transforma no es la terapia, es la meditación. La terapia puede ser el primer paso, uno en el que nos damos cuenta de las causas de lo que nos pasa, que nos ayuda a comprender de dónde vienen nuestras «neuras». Pero lo que realmente nos transforma es la meditación.

No me refiero a la meditación entendida como estar sentado en posición de flor de loto, sino a poner plena y total atención a lo que está pasando en cada momento, sea doloroso o placentero.

Poner atención no es poner mente. No se trata de una técnica mecánica, sino de una toma de conciencia. Es así como puedes advertir y comprender que los pensamientos son creencias y que puedes salir del sufrimiento desidentificándote del pensamiento.

La meditación se produce en el mismo momento en que experimentas, de forma total y plena, la atención sobre la realidad, sin el pensamiento. Meditar es conectar con la realidad, sin nuestra historia, sin nuestra película mental.

En la medida en que meditas, la información pasa de la mente al corazón. Dicho de otra forma, la meditación hace que la información pase al corazón, al cuerpo.

El clic no está en entender lo que te pasa, sino en que tu cuerpo lo experimente.

TEMAS CLÁSICOS

24

MIEDO A LA CRÍTICA

Uno de los mayores temores que tenemos hoy día es a ser criticados, juzgados. Lo vivimos como un rechazo. Llevamos mal que nos den *feedback*, y nos duele porque nos defendemos. Sí, defenderse duele. La defensa es una protección. Protegemos nuestra imagen porque no queremos sentirnos los malos de la película. En nuestra cultura la culpa está muy arraigada. Y desde una muy temprana edad, hemos aprendido a defendernos. Muchas veces, lo primero que responde un niño al ser descubierto haciendo una cosa que se considera mala es «yo no he sido».

Al mismo tiempo, hay personas que sienten miedo de herir a los demás, que no se atreven a decir su verdad y acaban cediendo. Esto las lleva a establecer relaciones poco honestas, donde acaban negando sus necesidades personales.

Vincularse implica estar expuestos al juicio, emitiéndolo o recibiéndolo. Relacionarse crea roces, opiniones diversas y la necesidad de que sean escuchadas.

Si estoy en paz y tengo una buena relación conmigo misma, conozco mis virtudes y abrazo mis defectos, no temeré. El miedo al rechazo indica una mala relación con uno mismo.

Nuestro mayor desafío es aprender a ver la crítica como un regalo.

La dinámica de las redes sociales pone esto en evidencia. Cuanto más te expones, más te arriesgas a que te critiquen. Podemos verlo como una paradoja de nuestra vida personal: si nos exponemos a conocer a más gente, encontraremos mayor número de personas que no piensen como nosotros. En el terreno de la pareja, encontraremos más personas con las que no seremos compatibles. Relacionarnos con personas que piensan lo mismo que nosotros está bien. Es la base de la amistad, que es un núcleo de apoyo. Pero un lugar de crecimiento también podría ser dar espacio a personas que desafíen nuestras creencias y por tanto nuestra propia imagen. Si me quedo en casa, solo, sin relacionarme, estoy menos expuesto a la crítica (salvo porque sigo viviendo con mis pensamientos), no tengo que estar lidiando con la opción de un posible rechazo a cómo soy por parte del otro. Pero, eso sí, estaré solo y me quedaré solo.

Detrás del miedo al rechazo encontramos la creencia de que «no soy suficiente». Las relaciones, en cualquier nivel, son un espejo que nos pone en contacto con la relación que tenemos con nosotros mismos. ¿Puedes sostener que alguien te dé un *feedback* sin irte a los infiernos? ¿Qué podemos hacer cuando recibimos una crítica? Encontrar, sin defensa, cómo puede ser eso verdad en ti.

Si alguien me dice: «Elma, estás siendo un poco egoísta». Miraré cómo puede ser verdad eso. Seguro que encuentro ejemplos de momentos donde he sido y soy egoísta.

Y así con todos los *feedbacks* que reciba, uno tras otro, hasta encontrar, sin defensa, cómo eso tiene que ver conmigo. Se trata de hacernos responsables, no culpables.

Puedo recibir *feedback* porque a la vez que me dicen que soy egoísta, también puedo ver mi generosidad.

Y lo mismo ocurre con los *feedbacks* positivos. «Elma, eres la persona más generosa del mundo.» ¡Y lo puedo ver!, y poner ejemplos de ello. A la vez, también sé que en muchos momentos soy egoísta. Soy todo, y todo lo que me digas, lo puedo ver.

Pero ¿qué sucede si alguien me acusa de algo que honestamente no he hecho? A mí me ayuda preguntarle a esa persona cómo es verdad, para esa persona, eso que ha dicho de mí. Le pediré un ejemplo. Y simplemente, aunque la acusación sea cierta o no, miraré cuál es mi parte de responsabilidad. Esto no significa darle la razón sino, por ejemplo, revisar mi forma de comunicación con esa persona. Esto me ayuda a encontrar las maneras de comprender su mundo. Y comprender su mundo me ayuda a tener mejores relaciones. ¿No es eso lo que todos queremos?

Por ejemplo, si mi pareja me acusa de coquetear con alguien y en mi fuero interno siento que honestamente no lo he hecho, puedo igualmente reconocer mi naturaleza seductora aunque no quisiera tener relaciones sexuales con otra persona, y también podría darme cuenta de que no he estado realmente presente con mi pareja. Esto no justifica al otro ni me culpa a mí. Solo se trata de encontrar maneras de abrazar la crítica. En cada situación será diferente, pero lo importante es no defenderse, porque la defensa creará guerra en la relación.

De igual manera que si alguien me alaba diciendo que soy maravillosa, mi trabajo será ver la parte de eso que es verdad sin que ese elogio me lleve a colocarme en un pedestal. Daré las gracias y seguiré mi camino. No hay nada que otro ser humano pueda decirme que no encuentre en mí, de tal manera que no hay nada que yo vea en otro ser humano que no pueda encontrar en mí. Soy egoísta y generosa a la vez. Soy íntegra y complaciente a la vez. Soy fuerte y frágil a la vez. Soy antipática y dulce a la vez. Todo está en mí.

Las personas tenemos tendencia a ponernos por encima o por debajo de los demás.

Cuando nos ponemos por encima es porque tenemos una buena imagen de nosotros mismos. Nos endiosamos, sentimos, aunque sea de forma muy sutil, que los demás lo hacen mal y nosotros bien. Pero eso no es verdad y de ahí la importancia de que veamos en los demás lo que también forma parte de nosotros. Si tengo la capacidad de ver en mí la parte que me molesta del otro, eso me permite pedir lo que quiero y acercarme al otro de una manera más asertiva.

Por ejemplo, si estoy enfadada con un amigo porque sus opiniones sobre mí han sido categóricas y me ha herido, si no advierto que yo también puedo ser categórica, me sentiré superior e indignada, «¡cómo se atreve a decirme todo eso!». En cambio, si puedo reconocer esa contundencia en mí también, podré sentir compasión y hablar con esa persona o, en caso de que sea necesario, alejarme, pero lo haré conectada conmigo y con el otro. Ponerse por encima del otro (algo que hacemos muchas veces) te separa del ser humano y eso es muy doloroso. Te deja solo en el pedestal.

El caso opuesto es sentirse menos que el otro, ponerse por debajo. Ocurre siempre que idealizo al otro o cuando siento culpa y eso me hace sentir inferior al otro. Es creer que los demás lo hacen mejor que yo o son mejores que yo. Entonces siento vergüenza, o envidio a los demás y siento celos de ellos. Pago también un precio, el de juzgarme.

Si pudiera ver que el otro tiene los mismos defectos que yo, lo viviríamos de otra forma. Y si viera que todas esas maravillosas cualidades que veo en el otro también forman parte de mí, saldría del infierno.

La clave está en buscar, tener y mantener relaciones de igual a igual. Te sientes bien cuando te pones al mismo nivel que el otro.

En las relaciones marcadas por una jerarquía, como es la de padres e hijos o la de jefes y empleados, opera el mismo juego descrito: el otro eres tú y tú eres el otro, y eso no es incompatible con respetar el lugar que a cada uno le corresponde.

Al final, en todas las relaciones humanas se puede establecer el juego del rechazo o la admiración y aquí nuestro trabajo es lograr el equilibrio.

Se trata de vivir en conexión con otro ser humano, sea quien sea, y eso solo depende de ti.

25

LA ANSIEDAD

La ansiedad es producto de una mente acelerada. Se manifiesta de diversas formas y va acompañada de muchas sensaciones físicas. Hay personas que notan una presión en el cuello, otras que sufren de mareos, que sienten un ahogo en el pecho o un nudo muy fuerte en el estómago.

La ansiedad puede derivar en taquicardias, miedos irracionales, obsesiones, hambre emocional e incluso fobias.

He querido incluir este tema porque cada vez hay más personas que padecen ansiedad y genera mucho sufrimiento. Ansiedad es la sensación de ir encima de un caballo desbocado y no saber cómo detenerlo. ¿Cómo te relacionas con la ansiedad? ¿Qué opinas sobre ella? ¿Cómo la tratas cuando aparece? Si la rechazas, tendrás dos problemas: dejar de resistirte a las sensaciones físicas que tienes y ocuparte de ella.

La ansiedad está aquí para decirte que no reconoces la diferencia entre lo que es real y lo que no. Te muestra que estás creyendo algo. Es tu aliada: te indica dónde estás, a qué le temes y de qué te estás protegiendo.

Todas esas sensaciones físicas que sientes son reflejo de una gran actividad mental. ¡Estás creyendo muchas cosas!

La dificultad que tienen las personas que padecen ansiedad es poder identificar todo ese cúmulo de pensamientos que están creyendo. La vorágine es tan grande que les cuesta mucho advertirlo. Por eso, si sufrimos de ansiedad, es muy recomendable estar bien acompañado por un profesional que nos ayude a identificar los pensamientos.

Para tratar la ansiedad se requiere dedicación y un trabajo enfocado en la raíz. El trabajo cognitivo no funciona porque la mente está muy identificada. La tarea profunda consiste en hacer un proceso en el que la persona trabaje con un pensamiento al día. Identificar cada día un pensamiento y cuestionarlo. Cuando propongo esto en mis talleres, algunas personas contestan que tienen demasiados para escoger uno. Sin embargo, el valor no está en la cantidad, sino en la propia desidentificación. Cada vez que cuestionas un pensamiento en profundidad, estás cuestionando toda tu historia y toda tu identidad. Y este es el trabajo más profundo que puedes hacer.

Con el tiempo, notarás los síntomas y sabrás ver específicamente dónde viaja tu mente. Progresivamente podrás ir cuestionando esos pensamientos.

Vivir en la ansiedad es vivir en un futuro aterrador, que no existe, pero en el que crees.

Si reeducas tu mente para que reconozca la diferencia entre lo que es real y lo que no lo es, verás las imágenes del futuro y simplemente no te las creerás.

Con el hambre emocional pasa lo mismo. El hambre emocional es una estrategia, un mecanismo que desarrolla la persona porque no sabe gestionar su mundo interno.

He querido introducir aquí este tema porque es una aflicción recurrente La comida es una mera proyección. No comes comida, ¡comes pensamientos!

Cuando no sabemos gestionar nuestros vacíos y preocupaciones, comer es una manera de aplacar esas emociones. El hambre emocional habla de la poca habilidad que tengo de sostenerme a mí mismo. La comida se convierte en un refugio. Para dejar de proyectar en la comida tus vacíos y preocupaciones, vas a tener que trabajar para relajar tu mente. Recuerda que las emociones son una consecuencia de estar creyendo tus pensamientos, por eso, al final, el trabajo es tener una mente relajada, abierta y comprensiva.

En la medida que trabajemos con nuestros pensamientos, no necesitaremos comer para escapar del dolor.

Y no tenemos por qué trabajar con pensamientos en relación con la comida. Esto sorprende a mucha gente. Muchas personas que han venido a mi consulta llevan años tratando el tema de la comida y no logran salir de ese bucle. Es perfectamente normal porque la comida, como decía antes, es una mera diana donde proyectamos nuestra mente identificada.

Esto no quiere decir que no haya que hacer nada respecto de la comida, pero enfocar todo el trabajo en ello no va a ser suficiente.

¿Tú crees que una persona relajada, feliz, necesita comer compulsivamente? Imposible.

Aquí habrá que trabajar en dos niveles. Por un lado, con el núcleo o parte interna, desidentificándote de tus pensamientos. Para ello puedes trabajar con cualquier cosa que te esté perturbando en tu a día a día: mamá, papá, jefe, compañeros de trabajo, vecinos, lo que sea para ti. Paralelamente, sería bueno que contactaras con un especialista para mejorar tus hábitos alimenticios. Lo importante es que entienda tu mundo y sepa adaptarse a ti. No todas las maneras de alimentarse sirven a todos por igual. ¡Hay tantos dogmas y tanta moralidad en el mundo de la alimentación! Que si la carne es mala, que si el azúcar es veneno, que si deberíamos hacer ayunos, que si es mejor desayunar, que si es mejor no hacerlo. Cada uno con sus mandamientos y al final uno se vuelve loco.

Para elegir acompañamiento profesional, sería bueno que tuvieras en cuenta tu personalidad. Hay personas que son más hedonistas que otras, personas que tienden a reprimirse o a ser acumulativas, etc. Son patrones de funcionamiento que también nos afectan a la hora de relacionarnos con la comida. Busca en tu ciudad el profesional que más confianza te inspire, uno que, sobre todo, sepa «verte» y que, como hemos comentado, se adapte a tu mundo. Tu mundo es correcto, solo necesita equilibrio. Y tu forma de comer tiene que ser un reflejo de ello. Se trata de que nos enseñen a escuchar nuestro propio cuerpo.

Pero ¿cómo escuchar nuestro propio cuerpo si estamos llenos de ruido?

Si quieres profundizar en este tema, identifica un pensamiento al día y trabájalo. Esto cambia vidas.

26

ADICCIONES

Cuando tu mundo se derrumba, cuando no sabes gestionar tus emociones, cuando tu cabeza va rápido y no tienes capacidad para observarla, el vaso se llena, se llena y se llena. Es fácil proyectar todo este caos en algún lugar. Ahí nacen las adicciones.

Nos volvemos ansiosos con la comida para apaciguar las emociones, podemos evadirnos con sustancias varias para tapar un dolor porque no sabemos gestionar la realidad y buscamos un placer inmediato, podemos fumar para tranquilizarnos, etc. Las adicciones pueden tener muy distintos niveles, pero lo importante es darnos cuenta del comportamiento compulsivo. Es lo que aquí nos interesa. Proyectamos nuestro desequilibrio fuera cuando está dentro.

Todos somos adictos. La mayor adicción que tenemos es a nuestros pensamientos. Así que cuando veas a alguien que tiene una adicción, recuerda que tú también estás ahí. La compasión hacia el otro nace de la comprensión de que compartimos esta tendencia.

Con una mente clara y relajada, las adicciones van desapareciendo. Por tanto, pongamos el foco en lograr esa claridad y paz mental. Como comentábamos a propósito de la ansiedad, el trabajo cognitivo es necesario pero no suficiente. Esto quiere decir que si soy adicto a una sustancia, tendré que hacer un *detox* para superar su consumo, pero mientras no trabaje en profundidad mis pensamientos, me quedaré con la etiqueta de adicto toda la vida.

LAS FOBIAS

Marta era una mujer de cuarenta y pocos, muy mental y con muchas fobias, entre ellas, a ir en metro. Tenía una profunda depresión, incluso había tenido que pedir la baja laboral. La habían bajado de categoría y se sentía muy insegura. Llegó a tener una fobia tan intensa al lugar de trabajo, que no podía ni pasar por delante de la oficina. El trabajo que iniciamos con Marta consistió en poner el foco en todo el trabajo de creencias con el objetivo de que fuera saliendo, progresivamente, de la película de terror mental en la que se había metido. Trabajamos con su jefe, con sus compañeros de trabajo, con las tareas que tenía que realizar y que la estresaban mucho, etc. Fuimos poco a poco desmontando su mundo, pensamiento a pensamiento. Marta llegó un buen día y me anunció que había tomado el metro. Nunca habíamos trabajado esa cuestión directamente. De forma natural, sin tratar ninguna fobia específica, empezó a recuperarse. A medida que se fue relajando, su comportamiento fóbico se fue atenuando.

Tuve otra clienta con fobia a las lagartijas. En este caso, como era una fobia muy específica, fuimos directamente al elemento que se la provocaba: le propuse que, mirando la foto de una lagartija en la pantalla del ordenador, observara su respiración. El trabajo profundo consistió en aprender a estar presente mirando la imagen y sacar todas las asociaciones que despertaba. Lo hicimos varias veces. Al cabo de unas semanas, viajó a México, donde hay muchas lagartijas, y me envió una foto donde estaba muy cerca de una de ellas. Fobia fulminada. Las fobias son anclajes. El trabajo con los pensamientos te permite desactivar esos anclajes y volver a la paz. Una mente en paz no necesita proyectar ninguna fobia.

28

LA AUTOESTIMA

La «autoestima» es un concepto. No se puede trabajar de forma abstracta, porque lo abstracto es un concepto de la mente, y eso no transforma. Si quieres mejorar la autoestima, tienes que ver dónde se manifiesta tu falta de autoestima. Por ejemplo, se puede manifestar en que quieres pedirle a tu jefe un aumento de sueldo, pero crees que no te lo mereces. O en que dices sí cuando quieres decir no. O en que no llamas a la persona que te gusta porque crees que te va a rechazar. O en que no te gustas físicamente.

No se puede trabajar la autoestima de forma genérica. Hay que repasar cada una de las situaciones concretas que nos hacen sufrir para revisar qué pensamientos hay detrás. Posteriormente, cuestionamos cada uno de ellos.

Tener una buena autoestima es algo imprescindible porque afecta a todas las áreas de nuestra vida. Es algo a revisar cotidianamente, porque si tú vibras alto, tu mundo vibrará alto.

Mírate con afecto e irradiarás armonía, que es la clave de la atracción. No lo olvides. Recuérdatelo siempre.

LAS RELACIONES DE PAREJA

29

LAS RELACIONES DE PAREJA

¡Temazo! Las relaciones de pareja representan, para muchas personas, el vínculo más anhelado, y pueden ser fuente de gran felicidad, pero también de gran sufrimiento. En la actualidad los modelos de relación están cambiando. Históricamente, venimos de las relaciones concebidas para «durar toda una vida», relaciones que requieren mucho aguante. En la era Tinder se han abierto tantas posibilidades que nos estamos yendo al otro extremo. Este es un tema complejo, ¡relacionarse siempre lo es! Crea roces. Ser vulnerables delante de otras personas nos enfrenta a nuestros mayores temores: el miedo al rechazo, al abandono, a la pérdida de libertad. Ser valientes para arriesgarnos en el amor es un valor hoy en día.

Por un lado, anhelamos el vínculo, y por otro, no lo permitimos. Vivimos en una gran contradicción.

Hemos sufrido tanto con relaciones tóxicas y de dependencia emocional, que necesitamos nuevos referentes de cómo vivir relaciones de pareja sanas. Esto ha dado lugar a un sinfín de libros, conferencias y talleres de desarrollo personal que abordan este tema. Era necesario.

Desde hace un tiempo, como consecuencia de este desequilibrio en las relaciones de pareja y de la búsqueda de nuevos modelos sanos, se ha puesto de moda la palabra *desapego*. Cuando uno es dependiente, necesita aprender a desapegarse. Pero al ser humano le cuesta tanto encontrar el punto medio, que ha convertido el desapego en otra manera de no vincularse. Una vez más, el miedo.

Vincularse implica siempre algo de apego. ¡Y esto no es nocivo siempre que haya correspondencia! Hay que saber vincularse sin caer en la dependencia. Si echas de menos a tu pareja, si te hace ilusión que te escriba y aún no lo ha hecho, es normal que te inquietes un poco. ¡Es que vincularse es cosa de dos!

El desafío consiste en aprender a no abandonarse aunque te vincules con otra persona. Hay gente con tendencia a abandonarse siempre: al conocer a alguien, de forma automática, se vuelven dependientes. Otras personas, por el contrario, tienen una cierta autoestima y desarrollo personal, pero pierden su centro cuando, al vincularse con el otro, sienten que este se ausenta, y caen entonces en el abandono de sí mismos. Debemos realizar dos trabajos. El primero, aprender a ser independientes, tener una buena autoestima y saber autogestionarnos emocionalmente; el segundo, mantener esa autoestima y estar en el propio centro, aunque el otro se aleje o incluso desaparezca.

Me gustaría que no confundiéramos la madurez emocional con construir inconscientemente barreras al amor. Dejemos de tener fobia al apego. Si yo soy una persona con capacidad para autogestionarme, podré estar abierta al amor, a las relaciones e, incluso, al apego. Porque si en algún momento caigo en ese apego, tendré herramientas para volver a mí.

También es cierto que hay personas más apegadas que otras, que necesitan más el vínculo. Si alguien a quien le gusta compartir mucho tiempo en pareja y tiende a fusionarse con el otro, se relaciona con una persona más autónoma y no muy efusiva, el sentido común nos dice que este vínculo está abocado al fracaso. Por tanto, para iniciar una relación de pareja, es necesario, aunque parezca obvio, partir de la premisa de que tenemos que vincularnos con personas que vibren en la misma frecuencia que nosotros y que entiendan el vínculo de forma similar.

Otro aspecto de este tema es que hay personas a las que les resulta más fácil que a otras encontrar pareja. Sin necesidad de buscar, encuentran. A otras, por mucho que se expongan, no les sucede así. Seguro que tienes ejemplos de esto en tu entorno: personas que encuentran parejas debajo de las piedras y otras que no. Curioso, ¿verdad?

En la cultura árabe hay un término, *maktub*, que puede arrojar algo de luz sobre esta cuestión. Esta palabra significa «está escrito». No es el destino, como lo tenemos entendido de forma esotérica.

Cuando nacemos traemos una energía determinada. Hay personas que traen a esta vida unos dones y otras personas, otros. Todos traemos de fábrica rasgos que nos diferencian de los demás. Habilidades con las manos, una tendencia a ser más introvertido o más extrovertido, etc. Es obvio que el contexto sociocultural y familiar condiciona, pero cuando nacemos ya traemos cierta información. Lo mismo sucede con nuestro cuerpo físico. Gracias a tu genética tienes unas características físicas que son X y te diferencian de los demás. Hay gente que nace con el pelo castaño, hay personas que tienen los ojos azules, y hay gente que nace solo con una pierna. Encarnar en un cuerpo trae aparejado de forma implícita el tener una determinada energía, tendencias, facilidades y dificultades. A esto se añaden las creencias que irás incorporando durante tu vida.

Así, hay personas que tienen más facilidad que otras para encontrar pareja. Si por alguna razón que desconocemos te cuentas entre los que no la tienen, tu trabajo estará en ocuparte de los condicionantes: de tus creencias con relación a ti, a la pareja, a los hombres o a las mujeres, de tus heridas emocionales, etcétera. Una persona con esta dificultad suele perpetuar el patrón mediante su diálogo interno: «siempre me cuesta encontrar pareja», «es difícil», «haga lo que haga, no va a funcionar», etcétera.

Que no fluyas en este terreno no significa que tengas que resignarte. Tu trabajo es ocuparte de lo tuyo: tus pensamientos, tus emociones y tus acciones. ¿Qué estás pensando con relación a estar en pareja? ¿Cómo te sientes con relación a la pareja? ¿Vibras en el miedo o en el amor? ¿Qué haces para ponérselo fácil a la vida? ¿Te estás dejando encontrar?

Te invito a que te tomes un tiempo para responderte estas preguntas con honestidad. Escribir las respuestas puede ayudarte.

Haz tu trabajo y después, *maktub*.

PHILIA Y EROS

Además de iniciar una relación con alguien que tenga la misma capacidad de vínculo que tú, es decir, que esté disponible emocionalmente, hay otros aspectos importantes, como la *Philia* y el *Eros*.

Para que una relación funcione es necesario que estas dos energías convivan de manera equilibrada. La *Philia*, palabra griega que se refiere al amor fraterno, representa la energía filial, que es la energía que te asemeja al otro. Es la que te permite que seáis amigos, compartir valores, vibrar más en el corazón, respetando la libertad del otro y pensando en el bien común. Es una energía más altruista. La energía *Eros* es una energía más intensa y sexual, más personal, más individual, y por tanto, más territorial e, incluso, posesiva. Esta energía pide exclusividad y, aunque esta descripción es tan solo un mapa, es preciso entender que para que una relación funcione, deben existir elementos que nos asemejen al otro y elementos que nos complementen.

Los elementos que nos asemejan son los aquellos que nos van a permitir una convivencia fluida, una vida fácil. Los elementos que nos complementen nos harán sentir la atracción del uno por el otro.

Es posible que tengamos tendencia a una u otra energía. Si la balanza se desequilibra demasiado, la relación no funciona. Seguro que has experimentado alguna vez esas relaciones donde existe mucha atracción sexual, un fuerte enganche hacia la otra persona, pero no hay manera de que eso se consolide en una relación equilibrada. Con toda probabilidad encontraríamos discusiones y celos. La atracción también es tensión. La contrapartida son esas personas que encuentran compañeros de vida ideales, pero en donde falta tensión sexual. Llevarse bien no asegura la continuidad de la relación. La pasión necesita también tensión. *Philia* y *Eros* tienen que ir juntos.

Empecemos por nosotros mismos. ¿Conoces tu energía? ¿Tienes tendencia al apego? ¿Te consideras una persona muy sexual? ¿Eres una persona pasional, intensa? ¿Priorizas el bienestar del otro? ¿Lo sobreproteges? Hay gente que tiene una tendencia muy marcada y otra que es más ambigua.

¿Puedes revisar, en tus relaciones, qué tendencias han predominado? ¿Habéis sido más amigos o más amantes? Porque aunque tú, por ejemplo, tiendas a ser más *Eros*, puedes tener una relación donde la energía predominante haya sido más filial. Es importante hacer esta revisión, sabiendo que las cosas nunca son blancas o negras.

En una nueva relación, a medida que vas conociendo a la otra persona, es importante observar qué tendencias afloran, porque una vez que se establece la dinámica en la pareja, que es un tema energético y no se puede controlar de entrada, habrá que hacer luego un trabajo para equilibrar la tendencia dominante, si no la balanza se descompensará.

Cuando dos personas se juntan, se crea cierta energía. Es algo que sucede. Y todo bien hasta aquí. Pero si no equilibramos esta tendencia, puede llegar un momento en que la relación se haga insostenible. ¡No es necesario llegar hasta este punto! Muchas parejas se separarían menos si entendieran el juego entre el *Eros* y la *Philia*.

Las relaciones que tiendan a ser más *Eros* tendrán que trabajar para vibrar más en el corazón. Y las relaciones con más tendencia a la *Philia* tendrán que crear tensión para que haya más pasión.

La pareja perfecta no existe. Para que una relación tenga un largo recorrido, la amistad será uno de los aspectos más importantes a considerar. Pero, ya sabes, si hay mucha *Philia*, habrá que ir con cuidado para que no se apague el *Eros*. La química debe existir, pero no tiene por qué ser la mejor química que hayas tenido en tu vida. Puede que tu pareja no sea un diez en todo, pero sí tienen que existir estas dos energías.

Una relación de pareja es un compendio de diferentes elementos. Entre los más relevantes, el que dicha relación esté basada en la igualdad (de vibración, de poder y de condiciones, un equilibrio entre dar y recibir), que haya esa disponibilidad de la que hablamos antes y, por supuesto, que haya *Philia* y *Eros*, que son clave en la relación. Similitud y complementariedad al mismo tiempo.

31

MIEDO A EXPONERSE

Cristina tiene unos treinta y tantos. Su sobrepeso la condiciona. Nunca ha tenido una relación de pareja. Vino a la consulta por un tema de ansiedad. Tras conversar un rato con ella, supe que estaba enamorada de su jefe. Nunca había pasado nada. De hecho, él no sabía siquiera qué sentimientos albergaba Cristina. Su estado emocional variaba muchísimo según como él se comportara. Encontraba un significado en cada uno de sus gestos. Si le sonreía, veía un interés por ella. Si llegaba tarde el lunes, pensaba que había tenido un gran fin de semana (con otras). Siempre leía entre líneas. Su foco estaba puesto completamente en él.

Mientras esto sucedía, no podía centrarse en ella y hacerse preguntas que le hubieran sido muy útiles. ¿Quiero a este hombre como pareja? ¿Me gusta realmente? ¿Quiero acercarme a él, llamarlo? ¿Qué necesito yo ahora para estar bien con esta situación?

Estar pendiente del otro es hacerte sensible al rechazo y desde ese lugar, nunca te vas a exponer, a arriesgar. En realidad, mientras espero a que la otra persona me elija, solo experimento mi propio rechazo. Porque no me tengo a mí. Porque cuando estoy enfocado en el otro, me imagino todas las razones por las que no me va a elegir y ahí soy yo el que me rechazo. ¿Cómo me va a elegir el otro si yo no me elijo primero?

En el caso de Cristina encontramos baja autoestima. Una de las razones, aunque no la única, era su sobrepeso. Mientras seguía enfocada en el jefe, no se ocupaba de su cuerpo. Aceptar nuestros cuerpos es clave. Pero lo bueno del cuerpo es que muchas veces se pueden hacer cosas para cambiarlo. Es importante aceptarse, sí, y a la vez, si hay algo que puedo hacer para sentirme mejor, hacerlo. Ella usaba su cuerpo para protegerse. Lo entendió. Pudo llegar a ver que su sobrepeso era una manera de no enfrentar el miedo a intimar con un hombre.

El miedo a exponerse es algo muy habitual hoy en día. Hay personas que no saben estar solas y tienen que aprender a estarlo. Pero también hay personas que ya han aprendido a estar solas y que incluso llegan a descubrir que están bien solas. Pienso, por ejemplo, en las mujeres que hacen su yoga, sus talleres de cocina, sus clases de danza, y que llevan años sin pareja. Detrás de esto, la mayoría de las veces, hay miedo. He conocido a muchísimas mujeres en esta situación. Al ego le encanta permanecer en zonas de confort. No somos conscientes de todas las creencias limitadoras que tenemos y que no nos permiten exponernos:

– Encontrar pareja hoy en día es muy complicado.
– Los hombres no se quieren comprometer; las mujeres son muy complicadas; no hay hombres potentes; las mujeres son manipuladoras.
– Las relaciones hoy en día son demasiado complejas.
– Todo es efímero.

Quedarse en la «cueva», con todas las comodidades y actividades que tenemos en nuestras bellas ciudades, se ha convertido en una nueva forma de escapar. Hoy la valentía está en arriesgarse a amar.

32

INICIAR UNA RELACIÓN

Para iniciar una relación de pareja tengo que estar en *mood* «adulto». Esto significa tener capacidad para acompañarme en los procesos emocionales y comprender que la soledad no existe. La soledad es abandonarme a mí mismo. Si la experimento, es señal de que tengo que volver a mí. ¿Soy un buen compañero para mí mismo? ¿Sé darme aliento un día de tristeza? ¿Puedo reconocer mis defectos sin irme al infierno? ¿Me cuido en mis días bajos? ¿Sé ver mis propias cualidades?

Para que una relación funcione es necesario tener claro qué elementos son importantes para cada uno en la relación. Por ejemplo, algo clave para mí es que haya una buena comunicación. No podría estar con alguien que tardara tres días en responderme un *WhatsApp*. Otra característica que considero fundamental es la valentía. Y me pregunto si doy ejemplo de esto, porque para pedir algo, tengo que saber darlo y sobre todo, dármelo. El saber darme a mí misma las cosas que pido hace que sea una buena compañera para mí misma. Y eso es lo que me hace atractiva y lo que el otro ve reflejado en mí.

¿Tú te elegirías como pareja?

Esto es un proceso de empoderamiento personal. No buscamos pareja, nos exponemos. Se lo ponemos fácil a la vida para dejarnos encontrar. Y una vez tengamos una vibración alta donde la atracción sea posible, seremos selectivos, que no es lo mismo que ser exigentes. Podremos elegir a alguien con quien compartamos valores y podamos abrirnos a la intimidad, siendo amigos y amantes a la vez.

Exponernos no equivale a abrirse a todo el mundo. Hay que saber con quién, estar conectados con la propia intuición, ¡tener buen ojo! No todo el mundo va a poder sostener lo que eres, con toda tu inmensidad y tu universo. No todo el mundo sabrá ver en ti tu parte genuina, no todo el mundo va a merecerse tu yo frágil y vulnerable. Para que alguien te sostenga, primero tienes que sostenerte tú. Y para poder sostenernos a nosotros mismos, lo primero que hay que aprender es a ser selectivos para descifrar las matemáticas de con quién me abro y con quién no. No se trata de ponerte por encima del otro, se trata de saber lo que ofreces y asegurarte de que el otro también lo da. Solo así podemos crear una relación entre iguales.

Ahora bien, cuidado, porque muchas personas que sí hacen este trabajo de empoderamiento, que resultan atractivas para los demás y que son capaces de ser selectivas, al entrar en el terreno de la intimidad —un lugar donde se despiertan nuestras expectativas y miedos— caen en la dependencia.

La mayoría de las personas que acuden a mis talleres lo hacen en mitad de un proceso de duelo, porque quieren volver a empoderarse. Esto no es lo verdaderamente difícil. El verdadero viaje, lo más complejo, es mantenerte en ti cuando el otro se aleja.

Mi sugerencia es que, cuando inicies una relación de pareja, estés acompañado terapéuticamente. Es el momento en el que se construyen las bases para que una relación sea sólida, sana y funcional. Es muy fácil que las primeras semanas e incluso meses, estando bajo el efecto de las hormonas del enamoramiento, cedas más de lo normal, relativices cosas que para ti son importantes y que no comuniques lo suficiente por miedo a desencantar al otro. El proceso de empoderamiento tiene que seguir mientras iniciamos una relación porque la clave es que estés en ti mientras el otro te elige y también en sus posibles ausencias.

33

LA DEPENDENCIA EMOCIONAL

La dependencia emocional es uno de los lugares donde más sufrimiento experimentamos. Las personas que pasan por este proceso de dependencia saben lo irracional, loco e intenso que puede ser no poder parar de pensar en alguien. Para mí, la dependencia emocional es una de las drogas más duras. En un abandono radical de uno mismo. Es un «quiero estar conmigo pero no soy capaz».

La dependencia emocional puede tener su origen en nuestros patrones infantiles aprendidos. Las dinámicas familiares vividas en nuestra infancia nos condicionan. Proyectamos todas nuestras carencias en la pareja. Por eso, antes de iniciar una relación, es importante haberse emancipado de los padres (repasar los sentimientos de dependencia o lealtad hacia ellos) y estar en paz con ellos (repasar el sentimiento de rebeldía hacia ellos).

A papá y mamá los intengro para convertirme en adulto y ser mi propio padre y mi propia madre. Desde ahí, desde mi capacidad para poder acompañarme emocionalmente, estoy preparado para iniciar una relación de pareja.

Muchas veces estamos a años luz de haber realizado esta integración y entramos en relaciones con dinámicas tóxicas y de gran dependencia.

Si quieres trabajar la dependencia, no puedes ser generalista. Se ha de detectar específicamente qué pensamientos hay detrás de esta sensación tan incómoda. La dependencia emocional es querer del otro algo que no está sucediendo o no te está aportando. Está basada en los siguientes pensamientos: Quiero que me llame (y no lo hace).

Quiero que me elija (y no lo está haciendo).

Quiero que quiera estar conmigo (y siento ambigüedad por su parte).

Quiero, quiero, quiero..., quiero cosas que no están pasando. Es un camino directo al infierno. Date cuenta de que siempre es así. Quieres que el otro te dé algo que no te está dando. Es la mayor de las esclavitudes. Toda tu energía, tu pensamiento y tu foco está centrado en el otro y, mientras esto es así, ¿quién se está ocupando de ti? Te dejas solo. El mayor de los dolores.

Haz tu propio listado de pensamientos.

LA MAYOR INTIMIDAD

El mayor grado de intimidad que podemos alcanzar es con nosotros mismos y no con otra persona. Por eso, la gran relación de nuestra vida es siempre la que vivimos con nosotros mismos. Quizá has escuchado esto un millón de veces. Puede que te estés preguntando, ¿y cómo hacerlo? El primer paso es identificar qué te aleja de ti.

Como te propuse en el capítulo anterior, escribe todos aquellos pensamientos con tus teorías sobre el otro y anota también todo lo que quieres de él. Estar en el otro es no estar en ti.

Esto va así: escribo lo que quiero del otro. Darme cuenta de que estoy en el otro es darme cuenta de que no estoy en mí. Cuando me doy cuenta de que no estoy en mí, puedo empezar a poner el foco en mí. Pero, insisto, eso pasará cuando deje de estar enfocado en el otro.

Es un proceso. En el capítulo práctico te mostraré cómo hacerlo a través de la herramienta que presento en el libro. Recuerda que muchas veces nos quejamos de que no fluimos en el ámbito de la pareja y, en realidad, la relación que tenemos con nosotros mismos tiene mucho margen de mejora.

Sentir que tú eres tu propio hogar es la clave para poder tener intimidad con el otro.

Cuando tú estás feliz con tu vida y tienes una buena relación contigo, no le pides nada al otro. Tienes capacidad de escuchar, eres comprensivo, eres amable y respetas el mundo del otro. ¡No hay nada más atractivo que eso!

¿Eres un buen compañero para ti mismo?

Si no lo eres, trabaja para serlo.

Si lo eres, solo tendrás que elegir un buen compañero para ti. Alguien que esté abierto a la intimidad igual que tú.

Y empezar a bucear en el abismo de la intimidad. La clave es seguir siendo tú mientras estás con otra persona.

35

LOS DUELOS

Cuando una relación se rompe y, sobre todo, si has decidido terminarla por motivos específicos, se pone en marcha una dinámica muy común. Sentimos enfado por la situación y a la vez empezamos a recordar todo lo bueno de esa relación. La mente empieza a obviar la parte que no estaba funcionando, la parte que era un «no» para ti. Imágenes y más imágenes de lo que fue. Imágenes de lo que podría haber sido y no será. Empezamos a plantearnos qué hemos hecho mal. Tal vez, piensas, lo has vivido de una manera exagerada. Se activa así la culpa y con ella, las ganas de que el otro vuelva. También la esperanza de un futuro mejor. Se activan unos diálogos internos con el otro como si esa persona no estuviese ausente. Le hablas, le quieres hacer entender cosas, intentas convencerle, explicas tu punto de vista y expones soluciones, etc. No caemos en la cuenta de que todo esto solo está sucediendo en nuestra cabeza. Pasas en cinco minutos de estar bien y alimentar una esperanza, a estar mal y sentir enfado por el otro. Tus diálogos internos producen estos pasajes de un estado a otro. Todo sucede en tu mente. Esa persona con la que «hablas» y los recuerdos que evocas, los diálogos que repasas en tu cabeza (aunque hayan existido), todo eso está en tu mente. No estás frente al otro, sino frente a su imagen. Estás hablando contigo mismo a través de su imagen. Y eso no tiene nada que ver con el otro. Es tu mente flipándose con tu mente.

Los duelos se terminan cuando dejas de alimentar la historia en tu cabeza, cuando dejas de vivir en la hipnosis de las imágenes. Los duelos se zanjan volviendo a la realidad y conectándote con ese «sí» o ese «no». La claridad es tu salvavidas. Los duelos se terminan cuando fortaleces tu propia presencia y dejas de sentir la ausencia del otro.

Soltar una relación es una de las cosas más complejas que hay.

Lo más importante es desde dónde nos separamos de alguien.

La mayoría de las veces nos separamos porque sentimos que el otro nos ha hecho algo o porque no nos ha dado lo que queríamos. Esto causa muchos quebraderos de cabeza, confusión, idas y venidas y, por supuesto, mucho sufrimiento.

¿Por qué? Separarse por un «motivo» es separarse desde la mente. Es darle razones a algo que no las tiene. Si yo me separo de mi pareja porque lo siento poco comprometido y presente, y salgo de esa relación enfadada, la mente, que vive siempre de comparaciones, etiquetas y juicios, hará que mañana, al levantarme de la cama, me pregunte si me he pasado, si he sido demasiado dura, si hubiera debido darle más tiempo, etcétera. Mi cabeza se llenará de creencias (más mente) que no me permitirán ver con claridad.

Separarse de alguien tiene que venir de un estado de absoluta claridad que está más allá de lo emocional. Es conectarse con un «sí» o un «no» interno claro. Si dudas, hay mente. La realidad es que ese «sí» o ese «no» están ahí y, un segundo después, aparece el discurso mental. En ese momento, te confundes. Es necesario trabajar en profundidad las razones por las cuales queremos separarnos, cuestionando los pensamientos hasta que logremos conectarnos con ese «sí» o ese «no» interno. Tu duelo se reducirá (o desaparecerá), te irás conectado a ti y al otro, y estarás en paz con tu decisión.

Dicho de otra manera: si quieres seguir enganchado a tu ex, mantén tu enfado.

El enfado es una manera de seguir vinculado. La mejor forma de decir adiós es con un «gracias». Por eso, en los procesos de duelo, tenemos que trabajar activamente con nuestros pensamientos para reconciliarnos con lo que fue y matar la esperanza de lo que podría haber sido. Un proceso muy riguroso a través del cual desprenderse de toda la emocionalidad que una separación implica, para que vivamos ese vínculo no desde el dolor sino desde el amor por lo compartido.

No se trata de olvidar sino de recontextualizar lo vivido y para eso tienes que hacer las paces con esa persona. Las relaciones, en realidad, no están afuera, están dentro de tu cabeza. Te relacionas con los pensamientos que tienes sobre el otro y no con el otro. No necesito al otro para estar en paz. Me necesito a mí, con claridad mental.

Es cierto que cuando se produce la ruptura es aconsejable practicar el contacto cero. Es sano no verse por un tiempo, no comunicarse, no usar las redes sociales. Puedes «bloquear» al otro desde el enfado (y seguirás pendiente de esa persona) o puedes bloquear la comunicación desde el amor a ti mismo e incluso avisar al otro: «voy a estar un tiempo sin comunicarme contigo, es lo que necesito ahora, me gustaría que lo pudieras comprender y no quiero lastimarte con esto». Y una vez realizado el proceso de duelo, verás si retomas el contacto o no.

Con algunas ex parejas es viable tener una amistad y con otras no. Cuanto más *Eros* haya, más difícil será mantener una amistad, porque la química nos empujará a volver a engancharnos. Algo a tener en cuenta.

Es recomendable pasar un tiempo a solas antes de iniciar una nueva relación. Aunque no hay reglas. Si conoces a alguien interesante, adelante, pero siempre asegurándote de que has cerrado bien la relación anterior.

Aquí te he dejado los puntos más importantes a tener en cuenta a la hora de separarte de alguien. Obviamente cada uno tiene su proceso. Lo que es fundamental es que te acompañes. Que cuando estés de bajón, te mimes y sepas observar qué estás queriendo del otro, lo pongas en un papel, y en la medida que puedas, lo trabajes.

Pensamientos como:
– «Quiero que me escriba».
– «Quiero seguir siendo especial para él/ella».
– «Quiero que se acuerde de mí».
– «Quiero que haga terapia y vuelva conmigo».
– «Quiero que asuma su parte de responsabilidad».
– «Quiero que me pida disculpas».

Poco a poco, a tu ritmo, trabaja.

Los duelos pueden terminar mucho antes de lo que imaginas si trabajas de esta manera. Son etapas muy inestables y de una gran intensidad emocional, pero si los encaramos seriamente, podemos salir fortalecidos, preparados para abrir de nuevo el corazón.

36

EL TIEMPO NO LO CURA TODO

«El tiempo lo cura todo», dice el refrán. No es cierto. El tiempo suaviza la intensidad emocional. Baja el volumen de la rabia, el dolor, la tristeza, pero no cura las heridas en profundidad. Dejar pasar el tiempo es un error para aquellos que estén comprometidos con su evolución personal. Yo, que abogo por realizar un trabajo en profundidad, recomiendo que, cuando sientas el desgarro, empieces a trabajar con valentía ese dolor, porque es entonces cuando más en contacto estarás con las creencias y asociaciones más arraigadas. Cuando el tiempo pasa, vamos subiendo a la mente y es más fácil caer en el autoengaño. Cuando las emociones se apaciguan, es posible que no te sea tan fácil terminar el proceso. Empieza a trabajar hasta que llegue el momento en que puedas honrar lo vivido, recolocar bien tu mente en tu corazón y volver a vibrar alto.

Vamos a ver cómo hacerlo en detalle.

LA PRÁCTICA DE
«SALIR DEL SUFRIMIENTO»

Cuando tenía diecinueve años hice un retiro de vipassana, una de las técnicas de meditación más antiguas de la India. En este tipo de retiros prácticamente no haces otra cosa que meditar desde que te levantas hasta que te acuestas, desde las cuatro de la mañana hasta las nueve de la noche. Parece sencillo, pero es duro, pues estás todo el día, durante diez días, a solas contigo mismo. Cuando llegas allí dejas el móvil y todo lo que pueda distraerte del objetivo esencial, que es tener un auténtico encuentro contigo. Hay otras personas, pero no puedes hablar con nadie, ni entretenerte con libros o con música. No puedes hacer ejercicio físico ni nada que te estimule o pueda distraerte o distraer a los demás. No tienes más remedio que estar en absoluta intimidad contigo mismo y aprender a relacionarte con tus pensamientos y tus emociones, que es el objetivo final.

El primer día te enseñan la técnica y empiezas con la práctica. A medida que meditas, vas conectando con lo que llevas dentro. Recuerdo que apareció un dolor muy intenso que arrancaba en el omoplato y llegaba hasta mi pecho. Me parecía que era un dolor insostenible. También aparecieron pensamientos como «¿qué sentido tiene esto?», «son mis vacaciones y podría estar en la playa», «me duele y no quiero que me duela», «¿qué estoy haciendo aquí?», etc.

Tenía un único pensamiento recurrente: «me quiero ir». Así que, tras una tanda de meditación, me levanté y fui a hablar con la persona que guiaba la meditación. Le dije que estaba mal y que me quería marchar. El diálogo fue más o menos así:

—Me quiero ir, no me encuentro bien.

—¿Qué te pasa?

—Me duele mucho la espalda y el pecho.

—¿Y cuál es el problema?

—Pues que me duele. Que es horrible y no quiero que me duela.

—Ah, ya...

—¿Cómo que ya?

—Pues que el problema no es que te duela, sino que no quieres que te duela.

En ese momento, algo se despertó en mí, algo que conectó con una sabiduría ancestral. Pensé: «¡Claro! El problema no es que me duela, sino que no quiero que me duela. ¡Qué interesante! No es lo que me pasa, sino la resistencia a lo que me está pasando». Y decidí quedarme para profundizar en ello.

Volví a meditar y tras varias reapariciones del dolor, hubo un momento en que empecé a «entrar» en la sensación. O sea, en vez de hacer caso a la mente, que decía «no quiero sentir esto», puse la atención en la sensación de dolor y entré dentro. Y cuando empecé a hacerlo, el dolor desapareció. En ese momento, mi mente dijo: «Oh, qué guay», y volvió el dolor. Así que me di cuenta de que cada vez que etiquetaba la sensación, el dolor volvía. Y cuando volvía a meterme dentro, desaparecía. No solo desaparecía, sino que era sustituido por una sensación agradable. Cuando «atravesaba» el dolor, venía algo agradable, placentero. Cuando no lo etiquetaba y simplemente vivía la experiencia, llegaba a una especie de placer. Ahora bien, cuando me aferraba al placer, cuando no quería perderlo, aparecía de nuevo el dolor.

Así es cómo entré en una experiencia mística, porque atravesé el dolor, atravesé el placer y simplemente permanecí ahí. Fue como desaparecer, como entrar en un lugar nuevo, que no sé describir. Perdí la noción del tiempo y del espacio, y de mi propio cuerpo, cuyos límites dejé de percibir. No sé cuánto tiempo estuve ahí, pero esa experiencia marcó un antes y un después en mi vida.

No soy científica, pero en ese lugar sentí realmente cómo funciona la mente. Me di cuenta de eso que explican todos los místicos: de que la mente es dual, de que lo que nos hace sufrir es que rechazamos el dolor y nos apegamos al placer. Me di cuenta de que las etiquetas son las que hacen que la experiencia sea dual.

Tras hacer el retiro de vipassana, volví a casa despierta, presente, conectada a la vida, radicalmente abierta y con una comprensión profunda de cómo funciona la mente y de que yo no soy mi mente.

En el retiro nos dijeron que teníamos que meditar cuarenta minutos por la mañana y cuarenta minutos por la noche. Lo hice durante unos días. Conforme pasó el tiempo, volvieron los quehaceres, las responsabilidades y el ruido de vivir en una ciudad tan intensa y bonita como Barcelona. Volví a identificarme con mi mente.

Aunque la experiencia duró varias semanas, noté que esa práctica meditativa no era mi camino. Había descubierto algo que podríamos calificar de «incomprensible», algo de lo que todos los místicos hablan, un valiosísimo regalo, y quería mantenerlo, pero sentía que esta práctica no era mi forma de acceder a esta experiencia. También tenía claro que el trabajo con la percepción de cómo veía las cosas, con las creencias, era la clave para poder conectar de nuevo con esa sabiduría.

Me convertí en una buscadora. Con apenas veinte años, hice todas las terapias habidas y por haber disponibles en mi ciudad. De hecho, mi camino terapéutico había empezado ya a los catorce años, cuando comencé a participar en un grupo de jóvenes interesados en el crecimiento personal. A través de este grupo y durante varios años, tuve acceso a herramientas como el eneagrama y otras que me sirvieron de introducción. Fue una época gozosa, pero también muy contradictoria en mi vida. Los encuentros tenían lugar en Valencia y Madrid. Maduré muy rápido, viví experiencias increíbles, di mis primeras conferencias. Estaba feliz porque había encontrado un lugar donde ser yo. Y del mismo modo que esos espacios de compartir con ese grupo sabían a gloria, la vuelta a Barcelona siempre era una bajada a los infiernos. Iba al instituto y no me identificada en nada con mis compañeros de clase. En esa época, yo asistía a retiros de silencio y ellos iban a la discoteca y empezaban a experimentar con drogas. Mi camino empezó muy temprano y de manera un tanto inusual. Era una chica muy despierta, y cuando me quedaba en silencio, recibía un chorro de información que no tenía ni idea de dónde venía. Ahora le llaman *canalizaciones*, pero en esa época no conocía ni lo que eran ni la palabra.

Mientras seguía participando de estos encuentros, terminé el instituto. Tocaba decidir por dónde continuar. Me apunté a la carrera de Filosofía. Necesitaba un espacio donde saciar mi sed intelectual, donde desarrollar un pensamiento propio y crecer. El ambiente de Barcelona me pesaba demasiado. Me costaba mantener ciertas conversaciones banales o implicarme en una oferta de actividades que no tenían atractivo para mí. Necesitaba espacios que alimentaran mi alma y aquellos estudios me parecieron la mejor opción. Algunas personas me preguntaron luego por qué no estudié la carrera de Psicología. Analizando el programa, y comparándolo con aquellos aprendizajes que había realizado en el grupo de jóvenes, sentía que lo que esa carrera podía ofrecerme estaba a años luz de lo que yo andaba buscando.

Las clases en la universidad eran bastante interesantes, pero demasiado abstractas y teóricas. ¡Lo que en verdad quería saber era cómo narices dejar de sufrir! Cómo gestionar mis emociones. Cómo dejar de pasarlo mal cuando un chico me gustaba y él pasaba de mí.

Quería esos «cómo» y me daba cuenta de que en la universidad no encontraría esas respuestas.

Un día un profesor dijo algo que me impactó: «Vosotros no estáis aquí para buscar respuestas, sino para aprender a haceros buenas preguntas.» ¡Boom! Algo en mi interior se agitó, se despertó, resonó.

Esa fue mi última clase. Dejé la carrera dispuesta a alinearme con esa filosofía.

En ese preciso momento surgió la posibilidad de realizar el retiro de meditación vipassan. Y esa experiencia, a su vez, me impulsó a buscar una herramienta que me permitiera trabajar con toda la locura de mi mente. Me lancé a buscar una que me enseñara a hacerme buenas preguntas, que trabajara con la causa del sufrimiento, con la identificación con los pensamientos.

Hice de todo. De verdad. De esto ya hace muchos años. Me pateé Barcelona en busca de terapias que diesen con esa herramienta. En ese momento, Barcelona ya era la cuna del desarrollo personal en España, pero no como lo es ahora. No había redes sociales. Todo era exploración. Allí donde me recomendaban, iba.

Iniciaba un curso y enseguida sentía un «no». Me ofrecían talleres interesantes, con mucha información, muchos ejercicios. Y de todo se aprende, pero en mi fuero interno sentía ese «no».

Me siento muy agradecida por todas esas vivencias. ¡Podría escribir un libro sobre todos esos talleres! La realidad es que no había dado con ninguna técnica que fuera a la raíz, que me ofreciera una herramienta directa para salir del sufrimiento. Mi intuición me decía que la clave estaba en la desidentificación, tal como lo había experimentado en la meditación vipassana, que no se trataba de comprender las causas y las consecuencias.

Así que seguí buscando y explorando muchas terapias que no voy a enumerar porque sería interminable. Solo diré que incluso pasé dos años intensos en los talleres de Cristóbal Jodorowsky, colaborando en todos los actos de psicomagia que se proponían allí.

Un buen día me topé con la técnica del doctor John Demartini, el colapso cuántico. Encontré algo realmente valioso para mí en esta técnica, que me acercaba más a mi «sí» interior. Trabajaba directamente con las creencias. El método se basaba en comprobar que todo en la vida tiene su lado A y su lado B. Buscaba neutralizar las creencias, haciendo desaparecer su carga emocional. El proceso consistía en ir respondiendo preguntas y buscando ejemplos, ¡pero llegar al colapso me llevó horas! La experiencia fue la de un auténtico despertar, parecido al que tuve durante el retiro de meditación vipassana, cosa a la que ninguna terapia anterior se había acercado. Pero, una vez más, no me sentía capaz de pasarme diez horas trabajando cada vez que tuviera un conflicto emocional. Para mí, el retiro de meditación vipassana y este método fueron experiencias profundas y muy válidas, incluso para regalárnoslas una vez al año, pero lo que estaba buscando era una herramienta para el día a día. Mis «noes» y mis «síes» cada vez eran más claros. Entonces apareció *The Work*.

Alguien me habló de *The Work* de Byron Katie. Pensé que era una técnica más, pero mi espíritu curioso me llevó a comprarme uno de los libros de la autora y a leerlo. Me impactó su sabiduría. Tengo esa sensibilidad para detectar mis «síes». Esto se acercaba mucho al nivel de vibración que estaba buscando.

Como sé que no es lo mismo entenderlo que vivirlo, realicé un taller de fin de semana. La experiencia confirmó lo que intuía. La herramienta era *wooow*, pero la facilitadora no me gustó, así que entré en una etapa de autoexploración. Estuve practicando, experimentando, testeando la herramienta.

En aquel momento estaba en una relación de pareja bastante complicada, incluso tóxica, y después de muchos intentos y resistencias, la relación se terminó. El duelo fue terrible. Era una de esas relaciones que era un «no» para mí —y siempre lo supe—, pero en la que me quedé porque, en el fondo, quería que el otro me aprobara. Acabada la relación, sentí una gran culpa por quedarme más tiempo del que debía, por haberme hecho ese daño.

Sentí que era el momento de profundizar en la herramienta. Me marché a Estados Unidos a hacer lo que se llama *The School*, la escuela de *The Work*. Brutal. Hachazo en la cabeza. Había encontrado lo que durante tanto tiempo anhelé. Lo comprendí en lo más profundo y mi búsqueda cesó. Al llegar a Barcelona, empecé a practicar cada día, hasta hoy. Fue un proceso de muchísimo crecimiento y de un gran empoderamiento personal.

Directo, profundo, fácil, trascendental y muy, muy práctico. Así es como veo *The Work*, una herramienta que te lleva de la cabeza al corazón y de la teoría a la práctica de una manera efectiva y profunda al mismo tiempo.

Desde entonces, no he encontrado ningún otro método que me aporte la profundidad de *The Work*. Llevo años practicándolo. Cada vez que me cuestiono un pensamiento vuelvo a mí, a casa. Me ha enseñado cómo dejar de teorizar y volver a mí cada vez que me pierdo en el otro, cómo tener más autoestima. He aprendido a gestionar mis pequeños dolores y confusiones diarias; a acompañarme en mis procesos; a estar más conectada con mi intuición y mi propia verdad; a soltar mis miedos. Me lleva directamente a escucharme, a conectar con mi propia sabiduría. ¡Tengo la tan anhelada herramienta para el día a día! Puedo trabajarlo todo. Y cuando digo todo, es todo. No hay nada más importante en nuestra vida que la propia paz y ahora sé cómo acceder a ella.

37

LA HERRAMIENTA

The Work consta de dos pasos. El primero consiste en identificar tus pensamientos a través de la hoja de trabajo llamada «Juzga a tu prójimo», en donde exponemos nuestros juicios en cada situación estresante que experimentamos. Te muestro un ejemplo.

HOJA DE TRABAJO «JUZGA A TU PRÓJIMO»

Piensa en una situación estresante que hayas tenido con alguien, por ejemplo: una discusión. Mientras meditas sobre ese momento y ese lugar específicos y empiezas a percibir como se sentía aquello, completa los espacios en blanco a continuación. Utiliza frases sencillas y cortas.

1. En esta situación, ¿quién te enfada, confunde, lastima, entristece o decepciona, y por qué?
Estoy triste con Álex porque no está interesado en mí.

2. En esta situación, ¿cómo quieres que él/ella cambie? ¿Qué quieres que él/ella haga?
Quiero que Álex me llame. Quiero que me demuestre interés.

3. En esta situación, ¿qué consejo le darías a él/ella?
«Él/ella debería o no debería…»
Álex debería recordar todo lo que hemos compartido juntos.

4. Para que tú seas feliz en esta situación, ¿qué necesitas que él/ella piense, diga, sienta o haga?
Necesito que Álex quiera estar conmigo, que me lo demuestre.

5. En esta situación, ¿qué piensas de él/ella? Haz una lista. (Está bien ser mezquino y crítico).
Álex es poco cariñoso y frío. Álex es una persona ausente.

6. ¿Qué hay acerca de esta persona y situación que no quieres volver a experimentar nunca más?
Nunca más quiero experimentar que Álex me ignore.

Cada vez que te sientas mal, situación por situación, rellena esta hoja. Fíjate que hay solo un pequeño espacio para las emociones. Damos demasiada importancia a las emociones que, en definitiva, son una consecuencia de los pensamientos. Así que, cada vez que te sientas mal, explora qué emoción tienes y a partir de ahí vacía tus pensamientos en esa hoja.

Cuando hablamos de las emociones subrayé lo importante que es «vaciar» las que hemos ido acumulando durante el día, todos los días. Te propongo hacer esta práctica cada noche. Repasa el día y empieza por identificar tus pensamientos. Solo con esto puedes revolucionar tu vida, porque tu capacidad para observar tus pensamientos va a aumentar y, a mayor capacidad de observación, mayor capacidad también de desidentificarte.

Ya tratamos la primera parte del proceso, la identificación de los pensamientos, en los capítulos anteriores. La segunda parte consiste en cuestionar estos pensamientos. Elegimos un pensamiento y le hacemos cuatro preguntas y tres inversiones.

Las preguntas son:
1- ¿Es verdad?
2- ¿Puedes saber con absoluta certeza que es verdad?
3- ¿Qué pasa, cómo reaccionas, qué sucede cuando te crees este pensamiento?
4- En esta situación, ¿quién serías sin el pensamiento?

Inversiones:
1- Invierto el pensamiento hacia mí.
2- Invierto el pensamiento hacia el otro.
3- Invierto el pensamiento a su opuesto.

A continuación puedes leer también un ejemplo de cómo cuestionar un pensamiento, el segundo paso del proceso.

HOJA DE TRABAJO «UNA CREENCIA A LA VEZ»

Pensamiento: Álex no está interesado en mí.

1. ¿Es verdad? (Sí o no. Si la respuesta es no, se continúa con la pregunta 3).
Sí.

2. ¿Puedes saber que es verdad con absoluta certeza? (Sí o no.)
Sí.

3. ¿Cómo reaccionas, qué sucede, cuando crees ese pensamiento? ¿Qué emociones aparecen? ¿Qué imágenes del pasado o del futuro se presentan? ¿Cómo te tratas a ti mismo/a y a otros cuando crees ese pensamiento?
Siento un nudo en el estómago. Tengo ansiedad y me siento triste. Me culpo. Pienso que he hecho algo mal y empiezo a repasar todos los momentos que hemos compartido juntos para detectar el momento en el que le he dejado de gustar. Busco señales. Releo los mensajes del móvil una y otra vez. Siento que le rechazo, que le juzgo y le cierro mi corazón. Siento orgullo.

4. ¿Quién serías sin el pensamiento? ¿Quién o qué eres sin ese pensamiento?
Estoy tranquila. Siento que desaparece el nudo del estómago. Siento que vuelvo a mí, que pongo de nuevo la atención en mí. Me pongo a hacer cosas en casa. Me siento libre.

Ahora invertimos el pensamiento.

Primera inversión: Yo no estoy interesada en mí.
Es verdad porque toda mi atención está puesta en él. Me siento por debajo de él y que mi valor depende de su mirada.

Segunda inversión: Yo no estoy interesada en él.
Es verdad. No me gusta que no me mande mensajes. Me doy cuenta de que para mí la comunicación es muy importante. La realidad es que si me detengo a pensar en ello, me doy cuenta de que no es cariñoso y que para mí eso también es importante. Y no lo

conozco tanto como para sentirme tan interesada por él.

Tercera inversión: Él sí está interesado en mí.
No tengo ninguna prueba de que no esté interesado en mí. Es posible que tengamos códigos de comunicación distintos. No sé lo que de verdad él siente o piensa. Él está interesado en mí a su manera y soy yo la que no está interesada en su manera.

La creadora de *The Work* es Byron Katie. Nació en Estados Unidos, en 1942. Katie, así es como la llama todo el mundo, cayó en una depresión severa cuando cumplió los treinta años. Vivió los siguientes diez inmersa en turbulentos pensamientos, sintiendo rabia y odio, aquejada por constantes pensamientos suicidas. En su biografía relata cómo durante los últimos dos años de este periodo, apenas salía de su habitación y cuenta que se sentía tan indigna que muchas veces en vez de dormir en la cama lo hacía en el suelo.

Una mañana de 1986 Katie despertó a la realidad. Dicho por ella misma: «Descubrí que cuando creía mis pensamientos, sufría, pero que cuando no los creía, no sufría, y que esto es cierto para todo ser humano. La libertad es tan sencilla como eso. Me di cuenta de que el sufrimiento es opcional. Encontré un gozo en mi interior que no ha vuelto a desaparecer, ni por un instante. Ese gozo se encuentra en todos, siempre.»

Se dio cuenta de que no era lo que sucedía lo que causaba su malestar, sino la manera en que lo veía. Eran sus creencias. Su forma de observar el mundo era al mismo tiempo lo que construía su mundo de nuevo.

Esta herramienta, a mi entender, es una clara canalización. Como la propia Katie explica, *The Work* realmente despertó con ella una mañana de 1986.

Katie es una mujer normal. Cuando digo «normal», me refiero a que no es una gurú de las que llevan túnica, ni una mujer rara o que haga nada extraño para que se la distinga como «mujer despierta». Me encanta de ella que es una persona que no tiene necesidad de llevar ningún cartel ni hacer ningún tipo de excentricidad, muy diferente a los maestros que había podido conocer o a los que había oído hablar antes.

He tenido el privilegio de observar a Katie en acción en muchas ocasiones, de ver cómo trabaja e interactúa con los demás y de intercambiar palabras con ella. Es una mujer con una vibración muy alta, amorosa, pero clara y contundente. Cuando te tiene que decir algo, te lo dice. Es muy íntegra.

Me inicié con *The Work* de manera prácticamente autodidacta, hasta que decidí ir a Estados Unidos con la intención de experimentar la práctica con otro nivel de profundidad. Esto me impulsó a querer ahondar más aún, y me planteé la posibilidad de hacer la formación para continuar con la práctica de forma frecuente.

La verdad es que esa época fue una locura. En Estados Unidos había conocido a varias chicas con las que intercambiábamos hojas de trabajo y hacíamos sesiones dos y tres veces por semana. Paralelamente y desde el inicio, estuve acompañada por una facilitadora certificada, recibiendo sesiones para vigilar al ego y su tendencia natural a escaparse. A estas horas sumaba las de mi propio trabajo, al que siempre he destinado mucho tiempo, impartiendo talleres y en sesiones individuales. Y estaba también toda la tarea específica de la formación y los viajes a diferentes puntos de Europa y Estados Unidos para cumplir con los requisitos necesarios de la certificación. Había días en que me levantaba a las seis de la mañana para poder hacer una sesión, otras en que la única hora en que coincidía en las prácticas era a las once de la noche, después de un día repleto de sesiones con mis clientes. Durante años no tuve prácticamente vacaciones: fueron cinco años de apasionada dedicación. Pero, ¿sabes qué? ¡Es la única manera de hacerse experto en algo! Con práctica, práctica y práctica. Muchas veces me había resistido a destinar esa cantidad de vuelos, horas lectivas y sesiones a una certificación. ¡Si al final siempre era lo mismo!, cuatro preguntas y tres inversiones. Pero no. No siempre era ni es lo mismo. Hay matices, está la capacidad de escucha que desarrollas contigo mismo y con el otro, está la sensibilidad que adquieres al observar tu mente, tantos detalles...

Llegó el día de mi graduación. En Estados Unidos, claro, y justo en el momento en que me tocaba exponer, Katie entró por la puerta. Me encantó tenerla delante, mirándome y escuchándome hablar en mi inglés de estar por casa. La esencia de lo que expuse le llegó y concluida la presentación me dirigió unas palabras que guardo en mi corazón como un regalo del cielo por todos esos años de tanto esfuerzo.

Gracias Katie.

Gracias Aileen.

Gracias a todas aquellas personas que me han acompañado en cada uno de esos pensamientos que he puesto por escrito en las hojas de trabajo.

¿Qué hacer si quieres practicar *The Work*?

Tanto en mi web (www.elmaroura.com) como en la de Katie (www.thework.com) encontrarás talleres presenciales, talleres *online* y también sesiones presenciales y *online*. Somos muy pocos los facilitadores certificados. Si vives en Barcelona puedes contactar conmigo. Si resides en otra ciudad, te recomiendo que visites la web de Katie y busques al facilitador más cercano. De todas maneras, este tipo de sesiones también pueden hacerse por *skype*.

¿Qué hacer si quieres formarte con *The Work*?

A día de hoy, Katie ha decidido retirar las formaciones supervisadas por ella. Con los años y con la expansión de la herramienta, mucha gente se acercaba a ella solo para obtener la certificación, mientras que ella desde siempre lo había planteado como una manera de profundizar en la práctica. Ciertamente, dar sesiones sin estar comprometido con la práctica no tiene ningún sentido.

También yo he recibido personas así, que solo querían saber cómo funcionaba la herramienta para usarla con sus clientes y cuando les explicaba que no hacía formaciones y que lo importante era primero hacer la práctica, desaparecían.

Por lo general, cuando las cosas se masifican llegan a más gente pero como contrapartida, corren el riesgo de desvirtuarse, como ha pasado con el *coaching* o el yoga.

Cuidemos *The Work* entre todos. Es una herramienta que funciona sin necesidad de alterar nada, está muy bien elaborada y es importante respetarla tal cual fue concebida.

The Work ha sido para mí el regalo más grande.

Requiere un gran compromiso con tu paz y mucho amor por la verdad. Nunca puedes dejar de practicar. Cada vez que sientes rabia, tristeza o miedo has de trabajar con los pensamientos. Al principio es importante que hagas este trabajo bien acompañado. Puedes probar hacerlo solo, pero mi recomendación es que busques acompañamiento, que te tomes un tiempo para comprender cómo funciona y que trabajes en profundidad. Es una pena que muchas personas que entran en contacto con la herramienta, acaben dejándola por no haber encontrado un acompañamiento adecuado, por no haber experimentado su profundidad. Tampoco es suficiente hacerlo unos meses, salir de tu infierno, y dejarlo. Es una herramienta que, bien empleada, está diseñada para acompañarte a lo largo de tu vida.

Una vez que uno está bien acompañado, puede hacerlo por su cuenta. Así lo hago yo, pero además trabajo con una amiga facilitadora que me acompaña. Porque al ego, como dije antes, le encanta escaparse, y porque aunque mi práctica conmigo misma es muy rigurosa, quiero seguir siendo sostenida.

A continuación quiero mostrarte a través de casos reales cómo se trabaja con la herramienta de *The Work*. Encontrarás transcritas tres facilitaciones que pueden orientarte para que veas cómo funciona. Los tres casos abordan el tema de las relaciones porque a ellas hemos dedicado buena parte del libro y porque es un buen punto de arranque. Se puede trabajar con cualquier otro tema, pero es aconsejable empezar con personas.

El primer caso es el de una chica a la que, de forma inesperada, su pareja le dice que no quiere convivir con ella.

—Vamos a volver a la situación de hace un año. Es de noche. Estás en tu casa, con Cristian. Recuerda su voz: «Pensaba que sí, pero no voy a convivir contigo». Cuando realmente estés «ahí», me avisas.

—Vale.

—En ese momento, ¿cuál es el pensamiento?

—Él no me valora.

—OK. En ese momento, «él no me valora» ¿es verdad?

—Sí.

—¿Puedes saber con absoluta certeza que «él no me valora» es verdad?

—No.

—En ese momento, escuchando su voz, ¿qué pasa?, ¿cómo te sientes y cómo reaccionas cuando aparece el pensamiento «él no me valora»?

—Muy frustrada.

—Ahora estás ahí, mírale a los ojos. Cuéntame todo lo que pasa cuando piensas que no te valora.

—Me siento humillada, rabiosa, siento mucha frustración. Ha sido una pérdida de tiempo. Estoy ansiosa, angustiada, muy angustiada. Me hace mucho daño.

—Quédate en tu cuerpo físico, ¿qué pasa en ese momento cuando piensas que no te valora?

—Siento angustia en la boca del estómago, presión sobre el pecho, me pongo nerviosa...

—Nota cuál es tu reacción.

—Me pongo tensa.

—¡Exacto! Mira cómo es físico, ¿verdad? Mira cómo es tu reacción.

—Tengo ganas de llorar. No lo recordaba...

—Eso es lo que pasa cuando vas en cámara lenta.

—Me da tristeza, me da pena, me siento muy mal.

—¿Cómo lo tratas a él cuando estás pensando que no te valora?

—Me pongo a la defensiva. Me enfado mucho. Me siento engañada. Me siento muy pequeñita.

—Y cuando estás ahí, en ese momento, ¿cómo te tratas a ti misma?

—Me digo que no soy lo suficientemente buena para él. Me infravaloro.

—Está bien. Se trata de observar. Es importante ir despacio, en cámara lenta. Y en ese momento, cuando estás delante de él, escuchando su voz diciéndote «pensaba que sí, pero no voy a convivir contigo» y crees que no te valora... ¿Qué es lo que dejas de sentir, qué es lo que no puedes ver, qué es lo que no puedes observar?

—No puedo sentirme bien, ni en paz, ni tranquila. No puedo sentir alegría, ni plenitud.

—Y en la misma situación, si no apareciera la historia de que él no te valora, ¿cómo te sentirías? ¿Cómo te sentirías sin el pensamiento «él no me valora»?

—¿Cómo me sentiría?

—Sí, y esto no es algo a deducir. Poco a poco, te lo vas preguntando. Si no aparece el pensamiento «él no me valora», ¿cómo te sientes?

—Yo no tengo la culpa.

—¡*Wow*! Siente eso. Mira cómo es eso que estás experimentando. Él no tiene nada que ver contigo, sino con él, en su mundo. Y nótate ahí, delante de él, inocente, sin rastro de culpa. Él en su mundo, no tiene nada que ver contigo, nunca tuvo que ver contigo. El amor que decía sentir por ti tampoco tiene que ver contigo, sino con él. Y si ahora ya no lo siente, tampoco tiene que ver contigo sino con él, tiene que ver con su mundo y eso es un misterio. Míralo y mira el misterio que tienes delante y tú, inocente, ahí, sin culpa. Y delante de él, vuélvete a preguntar qué cambia si no aparece el pensamiento de «él no me valora». ¿Cómo te sentirías sin ese pensamiento?

—Más tranquila. No soy tan dura conmigo. Me doy cuenta de que soy inocente.

—Bien. Así que ahora realiza la primera inversión. Invierte el pensamiento hacia ti.

—Yo no me valoro.

—Exacto. Lo único que está pasando en ese momento de verdad es que «yo no me valoro», ¡no él!, yo.

—Era yo la que me infravaloraba.

—Exacto. Eso no lo hacía Cristian, lo hacías tú con tu mente. Él solo te dijo que no quería vivir contigo. No te dijo nada más. El resto lo pusiste tú. Quién sabe lo que él vivía en su corazón, en su mente o en su cuerpo. No sabemos nada, es un misterio. Solo sabes que lo único que estás experimentando es tu propio juicio contra ti. ¡Quién sabe lo que Cristian vivía en su mundo! Quizá te admiraba demasiado para sentirse digno de vivir contigo. No puede abrir su corazón. Quizá no sabe amar. Quizá, quizá... En realidad, no lo podemos saber. Esa es la verdad. Pero lo que tú estás experimentando es que tú no te estás valorando, y eso es lo que realmente te dolía. No te puede doler lo que Cristian dice. Esa no es la causa de tu dolor, sino lo que tú te dijiste.

Realicemos ahora la segunda inversión. Invierte el pensamiento hacia el otro.

—Yo no le valoro.

—¿Qué es lo que no estás valorando de él?

—Su sinceridad. Que no me engañe, que sea claro conmigo, que no me haga perder más tiempo.

—¡Eso! Ahora, la tercera y última inversión. ¿Cuál es el pensamiento opuesto?

—Él me valora.

—Medita ahí. Mira ese momento. Es por amor a la verdad. Sin la historia, ¿cómo es verdad que él te valora?

—Porque me dice lo que siente.

—Sí, porque te dice lo que siente. Eso es un acto de respeto. Te deja libre para que seas feliz con alguien. Te deja libre. Él no puede ofrecerte lo que buscas, por la razón que sea, y él te valora porque te deja libre.

—Porque no me puede dar lo que yo quiero.

—Exacto. Y por eso te valora. Es un acto de amor. ¿Lo notas?

—¡Sí!

El segundo caso que te presento a continuación es el de una chica que repetía el patrón «los chicos me abandonan». Pudimos identificar cuál fue la primera vez que tuvo esta sensación de abandono y cuál era el pensamiento que estaba detrás: «Mi padre me ha abandonado».

—¿Cuál es la situación?

—Estoy en el cine de verano con mis amigos, en la Moraleja, a 20 km de casa. Escucho la voz de mi padre diciéndome: «¿Quién te piensas que eres para que yo tenga que estar detrás de ti?». Y en ese momento, se va.

—Así que, en ese momento, «mi padre me ha abandonado» es verdad.

—Sí, físicamente sí.

—Y en esa situación, ¿puedes saber, con absoluta certeza, que esto es verdad?

—Bueno... En el fondo, él no me ha abandonado.

—¿Y qué pasa, cómo te sientes y cómo reaccionas cuando crees que él te ha abandonado?

—Me siento desolada. Abandonada por las personas que supuestamente tienen que protegerme. Sola en el mundo.

—Mira qué emociones afloran en ese momento, cuando piensas que tu padre te ha abandonado.

—Pues me siento como si no valiera nada.

—Nota cómo te tratas a ti misma cuando piensas que él te ha abandonado.

—Me desvalorizo. Pongo el poder en manos de mi padre y siento que no valgo nada. Como si me mereciera eso.

—Nota cómo lo tratas a él, cómo te relacionas con él.

—Con odio. Tengo mucha rabia acumulada y desprecio.

—¿Dónde viaja tu mente cuando piensas que «me ha abandonado»?

—Estoy centrada en ese pensamiento, me quedo ensimismada en ese pensamiento.

—Pues ahí es donde viaja tu mente. Entras en bucle en ese pensamiento, tienes imágenes de él, de su cara, porque no lo tienes delante, ¿entiendes?

—Sí, lo que noto es su voz y recuerdo sus palabras constantemente.

—Exacto. Estas son las cosas interesantes, ¿dónde viaja tu mente? A recordar su voz.

—Sí.

—Recuerdas el tono de su voz. La forma en que te lo dice es cómo tu mente se recrea una y otra vez en lo que te ha dicho. Así que tu mente viaja al pasado, a recordar, aunque sean dos segundos antes, pero a recordar. A veces pueden ser tres años, a veces dos segundos. Así que en ese momento, ¿qué es lo que dejas de hacer, lo que dejas de sentir, lo que no puedes ver?

—No puedo ver que no es algo contra mí, que él tiene una frustración muy grande y la descarga conmigo, la proyecta en mí.

—Lo que no puedes ver es que no es personal.

—Sí, lo que no puedo ver es que no tiene nada que ver conmigo, sino que es algo suyo.

—¿Quién serías sin la historia de que él te ha abandonado? Ahí, sin la historia.

—Sería yo con mis amigos y punto.

—¿Qué sentirías, qué cambiaria? Entra un poquito más ahí. ¿Qué cambiaría? Mira tu cuerpo, ¿qué cambia sin la historia de que él te ha abandonado?

—Si no hay historia, no pasa nada. Podría seguir con mis amigos como si nada.

—Y nota qué cambia. ¿Cómo lo ves a él? ¿Cómo tratas a tus amigos?

—Con más ligereza.

—Exacto. Nótalo. Ahora, deja que tu mente lo repare.

—Es como si no hubiese pasado nada.

—Nunca pasó nada. Solo lo estabas imaginando. Ese es el poder de la imaginación, ¿entiendes? Así que ahora realiza la primera inversión del pensamiento hacia ti.

—Yo me he abandonado, claro.

—Cuéntame sobre esto. Dame ejemplos de que en realidad «he sido yo la que me he abandonado».

—Al darle, sin querer, todo el poder a él, yo me abandono. Así de simple.

—Lo que estás experimentando es tu propio abandono, y ahí está el dolor. Estás tan enfocada en él, tan enfocada en querer que te quiera, que pierdes contacto contigo misma y eso es lo que duele, que te infravaloras, que te echas de menos. Ese es el dolor, está ahí.

—Sí, es eso.

—Ahora la segunda inversión. Invierte el pensamiento hacia el otro.

—Yo le abandono.

—Explícame esto.

—Claro. También le abandono, le desprecio.

—¿Cuál es el opuesto de «él me abandona»? Tercera inversión.

—Él no me abandona.

—En ese momento, ¿cómo es verdad esto?

—Él realmente viene a buscarme.

—Mira cómo sin la historia, «él no me abandona».

—Sí, viene a buscarme. Pero al final, me deja ahí.

—Mira en ese momento en que te deja ahí, ¿cómo es verdad sin la historia?, ¿quién serías sin el pensamiento de que «él me ha abandonado»?

—En ese momento seguiría siendo yo, con normalidad. No está..., pues no pasa nada.

—Y en ese momento «él no me abandona», ¿cómo es verdad?

—Queda mi presencia.

—Y mira si está bien eso o no.

—Sí, queda mi presencia. No pasa nada.

—Y desde ahí, dame un ejemplo de cómo «él no me abandona».

—Simplemente se marcha y ya está.

—Ya está: tú ya sabes cómo es él.

—Sí.

—¿Notas? A ver si me puedes poner otro ejemplo.

—Si yo estoy conmigo, si yo estoy presente, ¿cómo puedo saber que me abandona? ¡No me abandona!

—Sigamos con otro pensamiento: «Quiero que mi padre me proteja». ¿Es verdad?

—No.

—¿Y qué pasa? ¿Cómo te sientes y cómo reaccionas cuando piensas «quiero que me proteja y no lo hace y se va»?

—Vuelve el sentimiento de abandono.

—Exacto. Nótalo. Estamos aprendiendo a ver qué pasa con una mente identificada y una mente no identificada, ¿ok? Así que vuelvo al abandono. ¿Qué más? ¿Cómo te sientes, cómo reaccionas cuando aparece este pensamiento?

—Desolación, vuelvo a sentir que no valgo nada.

—¿Qué más? Cuéntame todo lo que ocurre cuando «quiero que me proteja y no lo hace».

—No me siento merecedora de protección.

—¿Y cómo lo tratas a él cuando «quiero que me proteja y no lo hace, me deja ahí»? ¿Cómo lo tratas a él por dentro o por fuera?

—Igual que antes: con desprecio, lo trato mal... En verdad siento que estoy más localizada en mí, siento más desprecio hacia mí que hacia él.

—Exacto, es notar todo eso, ¿entiendes? ¿Y dónde viaja tu mente? ¿Qué aparece en tu mente, dónde viaja? Al pasado, al futuro, a lo que debería hacer cuando pienso «quiero que me proteja y no lo hace y me deja ahí».

—Sí, realmente el desprecio va dirigido hacia mí, no hacia él. Me infravaloro a través de él.

—¿Y qué es lo que en ese momento no puedes ver o no puedes sentir cuando quieres que te proteja y no lo hace? Cuéntame qué es lo que no puedes ver.

—Lo que no puedo ver es que no tiene que ver conmigo, es como él vive las cosas, no está reaccionando contra algo que yo hice mal. Es como si estuviera frustrado... Elma, siento presión en la frente, ¿eso es normal?

—Sí. ¿Cómo reacciono con el pensamiento? Siento presión en la frente.

—Sí, ahora sí, noto también en el pecho ganas de gritar de rabia.

—Exacto. Es notar el efecto que tiene el pensamiento. Colocando el ojo de tu mente de nuevo en la situación, ¿quién serías sin la historia de que quieres que él te proteja?

—Estaría contenta, con mis amigos, riéndome. Estaría conectada, disfrutando. Siento un hormigueo por los brazos y manos, me siento ligera y como si no pasara nada, todo está bien.

—Nota eso.

—Me siento feliz, tengo ganas de reír.

—Exacto. «Quiero que mi padre me proteja»: inviértelo hacia ti. Primera inversión.

—Quiero protegerme.

—Quiero protegerme. Cuéntame sobre esto. Dame ejemplos.

—¿Protegerme de quién? ¿Sabes? No hay nada de que protegerme porque todo está bien.

—«Quiero protegerme», inviértelo hacia él. Segunda inversión.

—Quiero protegerle. ¡No hay necesidad de hacerlo! Es un rollo mental, él está haciendo sus cosas y yo las mías. En todo caso, la única manera de protegerle es pensar bien de él.

—¿Y el opuesto de «quiero que me proteja»? Tercera inversión.

—No quiero que me proteja.

—¿Por qué? Dame ejemplos.

—Porque no hay necesidad.

—Exacto. No hay necesidad. ¿Cómo te hace sentir eso?

—¡Pues me hace sentir muy bien!

En el tercer y último caso que te presento trabajamos una memoria que se había anclado en el subconsciente de la persona que vino a la consulta. Esta memoria volvía en forma de emoción cada vez que la clienta compartía con un chico.

La mente está diseñada para verificar lo que observa, de tal forma que si tú vibras en abandono, eso es lo que atraerás. Hasta que lo cuestiones.

Cuando dejas de ver abandono en tu pasado y te encuentras con una persona, solo tienes que descubrir si esa persona es un «sí» o un «no» para ti. Sin los filtros del pasado, se ve más fácil, se siente más fácil. Todo resulta más claro y las decisiones suceden solas.

Seguro que te habrás encontrado más de una vez con esta situación: Estoy sola en casa y aparece el pensamiento «necesito una pareja».

—Necesitas una pareja, ¿es verdad?

—Sí.

—¿Puedes saberlo con absoluta certeza?

—Sí.

—¿Qué sucede, qué pasa, cómo reaccionas con el pensamiento?

—Mi mente viaja hacia el futuro y me veo igual. Me siento sola. Pienso que la vida sin pareja no tiene sentido, que es lo que me hace falta para completar mi vida. Me digo que no avanzo. Hago comparaciones: siento que los que tienen pareja disfrutan más de la vida. Experimento impotencia, frustración y tristeza. Físicamente, me hago pequeña.

—¿Y qué piensas que significa tener pareja?

—Tener pareja es sentirse bien, sentirse querida, tener a alguien que te admire, que te respete, que te mire como a una persona adulta. Tener pareja es dejar de sentir esta presión y la sensación de necesitar que alguien me quiera.

—¿Y quién serías sin el pensamiento de que necesitas una pareja?

—Conectaría más con mi cuerpo. Me veo feliz, viviendo el momento, de buen humor, siento el momento, estoy presente.

—Primera inversión: inviértelo hacia ti.

—Yo me necesito a mí de pareja.

—Dame ejemplos de cómo es verdad esto en la situación.

—Sí, porque no estoy en mí en ese momento. Mientras me cuento la historia de que necesito una pareja, me desconecto de mi cuerpo y de mis necesidades. En ese momento, tengo que volver a mí. Todo se reduce a eso, es verdad.

—Y ahora que eres consciente de esto, ¿qué cosas podrías hacer en ese momento para mantenerte en ti?

—Podría leer un libro que no fuera de autoayuda, mirar una buena serie, arreglar la casa, meditar, buscar mi relax, llamar a una buena amiga y reírnos un rato.

—¡Bien!

—¡Sí! Siento realmente que lo que de verdad necesito es volver a mi casa interior y desde ahí todo lo que haga sabe a gloria.

—Segunda inversión.

—Una pareja necesita de mí. Sí, una pareja me tiene que encontrar a mí.

—Mmmm... ¡qué interesante! Vamos a ver cómo es cierto esto.

—Sí, es que estoy en casa pensando en la pareja, ¡y ahí no estoy expuesta! ¿Cómo voy a conocer gente así? No tiene sentido.

—Exacto. Mientras estás en la historia no estás disponible.

—Sí, tengo que salir. Veo muy claro que no es salir a buscar pareja, sino salir para estar disponible, para que un hombre pueda encontrarme. Sí, ya entiendo: mi trabajo es estar abierta.

—Sí, creo que lo estás viendo perfectamente.

—Sí. Sin expectativas. Solo ocupándome de mí, de lo mío, que es salir y estar abierta al mundo, y desde ahí, ver qué pasa.

—Tercera inversión.

—No necesito una pareja.

—¿Cómo es verdad esto en esta situación?

—Es verdad, porque este no es el momento. Necesito parar y volver a mí. Este es el momento de reencontrarme. Cuando vuelva a estar disponible, entonces me expondré. Sí, lo veo claro: no tengo que encontrar una pareja, sino a mí misma. Y también veo que no es algo «obligatorio». Hay mucha presión social en esto de tener que encontrar pareja. Mientras esté bien conmigo misma, todo estará bien. Mi trabajo no es encontrar pareja, es abrirme.

—Exacto. Escucha bien todo lo que estás diciendo. Es tu propia receta para el día a día. Cuando estés bien, comparte, sal, disfruta, exponte para ponérselo fácil a la vida para encontrar a alguien, si es que tiene que ser así. Y si estás mal, trabaja para volver a ti. Sin ti, el otro no tiene sentido. Podría aparecer el hombre de tu vida delante de tus ojos que si no estás en ti, no lo verás. Mientras estemos viviendo la vida desde nuestros filtros limitantes, no seremos capaces de recibir todo lo que la vida a cada instante nos ofrece. Trabajemos desde ahí... ¿Cómo te sientes ahora?

—¡Ay, Elma! Me siento genial, abierta y relajada.

38

EL MITO DE LA ILUMINACIÓN

Uno de los grandes mitos del desarrollo personal es la creencia de que si trabajamos lo suficiente en nosotros mismos es posible estar siempre bien. Se alimenta la esperanza de que nuestros patrones recurrentes desaparecerán junto con aquellos pensamientos que nos hacen daño. Atraeremos solo lo mejor. Aunque no seamos plenamente conscientes, muchas veces entramos en procesos de desarrollo personal porque queremos controlar la vida. Pero la vida es un misterio y debemos aceptarlo. Mi trabajo es ocuparme de mí, de mi contenido y estar en paz. No pongo el foco en dejar de sufrir «para siempre», porque el «para siempre» es una ilusión de la mente que genera linealidad. En verdad, solo tengo este momento y mi trabajo es estar en este momento. Por eso, que una persona esté evolucionada no significa que no vuelva a sufrir, significa que tiene la capacidad para volver a la paz en el momento presente, el único que existe.

Muchas personas creen que el fin último del desarrollo personal es la «iluminación». Imaginan un estado ideal al que creen que pueden acceder si cumplen con todas las pautas y enseñanzas que van adquiriendo. Nada más lejos de la realidad. Perseguir un objetivo, aunque sea espiritual, nos lleva a apegarnos al resultado y, finalmente, conduce a la frustración.

Nos olvidamos del camino y sufrimos porque nunca llegamos a ese lugar tan ansiado. Mientras pensamos en la meta, olvidamos el presente.

La iluminación es dejar de sufrir y conectarnos con nuestra esencia, que es amor. Pero solo puedes dejar de sufrir «ahora». Eres —somos—conciencia atemporal. Y para llegar a ese «lugar» no tenemos que hacer nada, pues ya estamos «ahí». Como dice Ortega y Gasset: «¿Para qué corres, si donde tienes que llegar es a ti mismo?». O, dicho de otra forma, ¿qué distancia debe recorrer un árbol para encontrar su savia? Ninguna.

Nos cuesta reconocer nuestra naturaleza original porque nos han hecho creer desde que nacimos que somos nuestro cuerpo y la imagen mental que tenemos de nosotros mismos. Pero nuestra naturaleza es la conciencia.

No hace falta detener los pensamientos para despertar. Solo es necesario dejar de identificarse con ellos. Es difícil porque nos hemos pasado la vida haciendo justamente lo contrario. Es preciso observarlos en silencio. En el silencio acontecen todas las respuestas. Observa el espacio que existe entre tú y el pensamiento que surge, y date cuenta de que tú estás presente antes del pensamiento, durante el pensamiento y después del pensamiento. Tú no puedes ser el pensamiento, pues el pensamiento es pasajero y tú permaneces.

Hay quien piensa también que parte de ese desarrollo personal consiste en liberarse del ego. Sin embargo, el ego es necesario para sobrevivir. No se trata de eliminar el ego, sino de darse cuenta de que no somos nuestro ego. El ego es esa parte nuestra que, como los niños pequeños, siempre quiere cosas y las quiere ya, y que se queja y lloriquea cuando no las consigue. Si nos entrenamos en su observación, lo detectaremos en cuanto aparezca y lo diferenciaremos de nuestra esencia. Y, en lugar de enfadarnos con él, podremos dejar de tomarlo en serio o calmarlo o ignorarlo. Como a un niño que tiene una rabieta.

Otro mito en torno a la iluminación es que una vez nos iluminemos nuestra vida estará libre de problemas. Pero no es así. Los problemas siguen apareciendo, la única diferencia está en que dejas de juzgarlos, de etiquetarlos como negativos. Es decir, aceptas lo que viene, sea una situación aparentemente favorable o desfavorable a lo que tú deseas. Tomas la vida tal como se despliega en cada momento.

La iluminación no consiste en sentirse feliz todos los días y en todo momento. La dicha es una experiencia maravillosa, pero viene y va, como el mar, como las nubes, como las personas con las que nos cruzamos en la vida. La iluminación es aceptar incondicionalmente lo que aparece, lo que surge en cada momento, sea lo que sea.

39

SÍ A TODO

¿Qué hay en este momento?

Esta es la clave. Si en este momento hay, por ejemplo, tristeza, la siguiente pregunta es: ¿puedo ocuparme de ella? Si la respuesta es sí, estupendo; si la respuesta es no, ¿puedo aceptar que no acepto que estoy triste? Porque el juego consiste en observarnos para darnos cuenta de si estamos aceptando o nos estamos resistiendo a lo que hay en este momento.

La mente es sigilosa, por eso hay que conocer sus trucos y trabajar con ella. Se trata de ir cada día, por un rato, a una especie de «gimnasio mental». Es algo que requiere constancia, porque los pensamientos aparecen y no los controlamos. Como ya hemos dicho, es una de las fantasías más recurrentes de las personas creer que controlan sus pensamientos. ¡No es posible controlarlos!, solo podemos ocuparnos de ellos.

Se trata de rendirse a lo que es en cada momento. El objetivo es poder decir sí a todo, rendirse a la evidencia. Esa rendición es posible y ocurre cuando dejo de luchar. O cuando me doy cuenta y acepto que estoy en lucha. Cuando acepto que estoy donde debo estar, pienso lo que debo pensar y siento lo que debo sentir. Cuando no lucho contra la realidad, contra mis pensamientos, contra mis emociones. Cuando acepto incluso que no estoy aceptando o no soy capaz de aceptar lo que hay en este momento.

El «sí a todo» es esta rendición. Consiste en dejar de hacer. Intentar aceptar algo cuando no lo acepto es doloroso, de la misma forma que intentar estar en un lugar donde ahora no estoy o intentar ser alguien que en este momento no soy o intentar sentir algo que no estoy sintiendo es doloroso. Comprender esto es muy sanador. La única verdad posible en cada momento es el sí incondicional a este momento. O, en su defecto, la aceptación de que no puedo decir sí a este momento. ¡Esta es la salida del sufrimiento! ¡Esta es la paz! Bienvenida sea.

40

EL FIN DE LA BÚSQUEDA

Somos seres espirituales encarnados en un cuerpo, por eso nuestro camino hacia el gozo requiere un trabajo diario. En algunos momentos tendremos atisbos de plenitud. Sentiremos gratitud y apertura. Sentiremos que estamos abiertos a lo que pueda suceder. Esa es la experiencia extática. Hay infinidad de cosas que no controlamos. La vida manda y tiene su propio camino. Nosotros tenemos que ser el espacio para que la vida suceda. Ese es nuestro trabajo.

Para que la vida suceda en ti, tienes que estar dispuesto a que pase lo que tenga que pasar, sin excepción. No apegarte al resultado, abrirte a lo que suceda. Mientras vivamos con miedo, tendremos que seguir trabajando, porque el miedo es decir «no» a lo que puede pasar. Es experimentar ahora la negación de un posible futuro. Y eso es sufrir.

Hazte esta pregunta: «¿A qué le tengo miedo?». Y luego esta: «¿Estoy dispuesto a vivir eso a lo que tengo miedo?». Si la respuesta es «no», tienes que seguir trabajando. Solo cuando la respuesta es «sí», puedes sentirte libre y vivir en el éxtasis.

Se trata de que seas libre aquí y ahora, de que aceptes lo que tenga que venir sin renunciar a aquello que quieres. Esto significa tener el corazón abierto, darle un «sí» incondicional a la vida. El mejor mantra del mundo es «sí». «Sí» a lo que fue, «sí» a lo que es y «sí» a lo que vendrá.

A menudo nos angustiamos, y sufrimos, porque estamos esperando que suceda algo que no sucede o queremos conseguir algo y la vida nos lo niega. Detrás de cada buscador hay un infeliz. Aquel que busca siente que no tiene. Todo el trabajo espiritual tiene que ver con descubrir que estás completo.

Muchas personas se enzarzan en una búsqueda (de la pareja, de la vocación, del trabajo, de la satisfacción) desde la desesperación, desde el rechazo a lo que tienen. Es muy lícito y sano aspirar a algo mejor, pero desde la aceptación de lo que ya tienes. Y, sobre todo, de lo que ya eres. Y tú, como todos, ya lo eres todo en ti mismo.

Cada cosa tiene dos lados: ni es tan mala ni es tan buena. El camino al éxtasis es aprender a amar el momento en el que estás y aprender a ver y apreciar todo lo que la vida te está dando en este momento. El camino al éxtasis es desmontar la fantasía de que lo que vendrá será ideal. Primero porque no lo será, y segundo porque de esa forma te pierdes lo que hay ahora, que es lo único real, la única vida que tienes.

Desde el presente y desde la tranquilidad de aceptar lo que es, me puedo ocupar de ver qué quiero mejorar y cómo puedo hacerlo. Si quiero encontrar una pareja, por ejemplo, puedo observar si la busco para compartir y estar mejor o porque en el fondo me siento incompleto. Solo puedo buscar desde la plenitud si estoy segura de que amo el espacio de estar conmigo misma, sin nadie más que yo, si he aprendido a escucharme y darme mis necesidades, a gestionar un día malo, a gestionar mis emociones; en definitiva, si estoy a gusto con mi vida. Querré que la otra persona me abrace, por supuesto, e ir al cine con ella y comentar la película, pero no desde la necesidad de que me completen, sino desde un espacio en el que yo ya estoy a gusto y comparto.

El fin de la búsqueda llega, sencillamente, cuando estás bien en el presente y en lo que es. Muchas personas entran en el camino de la espiritualidad buscando sentirse siempre bien, iluminarse. Y no se dan cuenta de que solo es posible sentirse bien aquí y ahora, y que aquí y ahora ya lo tienen todo.

Si piensas que no es así, si crees que necesitas algo más para ser feliz, como un trabajo nuevo, una pareja nueva, un viaje o dejar de sentir ansiedad, tienes que seguir trabajando. Cuestiona tus creencias, indaga en aquello que crees que te falta. Y pregúntate: ¿quién sería yo ahora sin ese pensamiento, solo aquí y ahora, sin pasado y sin futuro?

Cuando uno entiende que no hay nada que buscar y que todo ya está aquí y ahora, el camino del buscador se termina y solo queda relajarse y seguir cultivando la conciencia en el presente.

Lo que es, es lo que quiero. Ese es el fin de la búsqueda.

SEGUNDA PARTE

ADUÉÑATE DE TU PLACER

La que ama todas las cosas,
es la madre que nutre,
una amante sensual,
la guardiana de todos los actos de placer,
y de la sabiduría sexual.
Esta madre de clan encarna atributos de una amiga devota
que puede ver la fortaleza de nuestra medicina personal,
tanto como nuestras debilidades,
aceptando nuestros dos aspectos sin juzgarlos.

Cuando me encontré con *The Work* y me comprometí con la práctica, empecé a conocer mi energía. Al ir vaciándome de las historias sobre cómo debían ser las cosas y cómo debía ser yo, me topé con quien de verdad era, cada vez más real, más auténtica y más humana. En ese momento, afloraron mis dones y pude reconocerlos.

Hay dos maneras de encontrar tu vocación: una, por la vía de la carencia, y la otra, por la vía de los dones. En mi caso, recorrí las dos. Tanto sufrir me impulsó a la búsqueda de un remedio y la práctica perseverante me convirtió en una experta en salir del sufrimiento.

En la vía del don no hay búsqueda, es natural. Viene de serie, como un pintor cuyo talento se manifiesta desde la infancia. En mi caso, el tantra se presentó como un regalo. Tuve varias experiencias espontáneas donde mi energía sexual subió sin que hubiera una intención de mi parte. Todo el trabajo con la sexualidad se siente como una memoria ancestral que se canaliza a través de mi cuerpo.

De manera gradual, empecé a impartir pequeños talleres y sesiones individuales en las que el núcleo era el trabajo para salir del sufrimiento, pero rápidamente algunas personas se acercaron a mí para trabajar aspectos relacionados con la sexualidad.

Me di cuenta de que lo que para mí era un trabajo muy sencillo, para otros no lo era. Cada vez que abordaba temas relacionados con la sexualidad, sentía que era un canal a través del cual la información, la sabiduría y la manera de trabajar venían dadas. La sensación que era, y que sigue siendo, es que no tengo que hacer nada. Me libero de mi «yo». Es fácil, fluido, como si me lo susurraran todo al oído desde arriba. Me encanta este lugar. Es «El» lugar. Estar al servicio no es estar al servicio de lo que tú quieres, si no estar al servicio de lo que la vida quiere de ti.

El reconocimiento de estos dones sucedió a una edad muy temprana. Era extraño porque, por un lado, experimentaba esta sabiduría tan honda pero, por otro, tenía que lidiar con las cosas a las que toda chica de veinte años se enfrenta. Esto convivía en mí, mezclado. Los primeros años de mi juventud tuvieron la intensidad de haber vivido mucho en poco tiempo.

A la edad de veinticuatro años y tras conocer mi trabajo, Borja Vilaseca me convocó para colaborar con él en un proyecto muy ambicioso: llevar el desarrollo personal a la Universidad de Barcelona. Desde entonces y durante ocho años, introduje *The Work* y el tantra en las aulas universitarias dentro del marco de un máster pionero en el desarrollo personal y liderazgo. Tras este período, el máster se desligó de la universidad y se sigue dictando con enorme aceptación en forma privada. Mis talleres y sesiones continúan expandiéndose a la par del revolucionario máster.

El trabajo con la sexualidad es radicalmente transformador.

Existen dos maneras de despertar. Podemos despertar la conciencia cuestionando los pensamientos estresantes que nos salen a cada paso en nuestro día a día o despertar a través de la energía sexual, que es una conexión directa a la vida. La energía sexual te permite entrar en estados alterados de conciencia.

Durante mi primera juventud tuve varios despertares de la energía llamada kundalini. Sucedieron solos. Uno de ellos tuvo lugar mientras practicaba Tandava, una de las muchas cosas que me habían recomendado. Obviamente no era la herramienta que me iba a permitir erradicar mi sufrimiento, pero sin duda me regaló una experiencia que me despertó al potencial de la energía sexual.

Tandava es una danza proveniente de la India, de Cachemira, cuyo objetivo es despertar el movimiento espontáneo. Se la conoce como «la danza de Shiva».

Estamos tan acostumbrados a controlar, a empujar las cosas en vez de dejar que sucedan, que cuando queremos conectarnos con el cuerpo lo hacemos del mismo modo. Nuestro contacto con él se reduce a «hacer cosas» y eso nos impide acercarnos de manera más intuitiva y permitir que sea el cuerpo el que se exprese con mayor libertad y sin tantos condicionamientos.

Recuerdo que desde el momento en que empecé la práctica fui notando cómo me iba liberando de mí. El movimiento iba sucediendo solo, de forma natural. Siempre he estado en conexión con mi cuerpo. He tenido mucha sensibilidad. Con este regalo «de fábrica», las experiencias se multiplicaban una detrás de otra. En un momento dado, inmersa en aquella danza, advertí algo debajo de la planta de mis pies. Era como un torbellino, una fuerza imparable que surgía desde debajo del suelo. Esa fuerza o energía, como se quiera llamarla, empezó a subir por mis piernas, por mi centro sexual, por mi estómago, por mi pecho, donde experimenté una gran apertura. Luego, aunque más ligeramente, siguió subiendo hasta la cabeza y allí es donde todo se detuvo: el tiempo, el mundo, todo lo aparente desapareció. Una vez más me encontraba en el lugar «sin nombre», como llamo yo a ese sitio al que había accedido también a través de la experiencia de la meditación vipassana.

En aquella época no había tanta información ni sitios a los que acudir. Notar todas las cosas que sucedían en mi cuerpo, aquellos lugares a los que accedía, fue una revelación y un proceso.

Estaba fascinada. Estas experiencias espontáneas eran un regalo, y así las vivía, pero: ¿Podía hacer algo para suscitarlas? Empecé a investigar cómo reaccionaba mi cuerpo a prácticas de movimiento espontáneo, explorando en mi cadera, usando mi respiración, mi voz. Enseguida me di cuenta de que la energía sexual, que era el combustible que me permitía tener estas experiencias, se podía activar más fácilmente con la masturbación. En realidad, no era necesario. Había tenido experiencias potentes sin tocarme el genital, pero haciéndolo, me resultaba más fácil acceder.

Comprobé que podía provocar estas experiencias a voluntad. Unas veces más rápido, otras más lento, unas de una manera más profunda y otras, más efímera. Siempre eran diferentes, pero todas interesantes. De este aprendizaje nacieron mis talleres de tantra.

Utilizo la palabra *tantra* porque encontré en ella —según lo que Osho describe en *El libro de los secretos*—, un reflejo de muchas de las cosas que había sentido y canalizado. Cabe aclarar que los ejercicios que propongo en los talleres no los he aprendido en ningún sitio, son fruto de mi propia experiencia y de lo que escucho en ese momento determinado. Sin embargo, nacen de una sabiduría que está ahí, disponible, esperando a ser descubierta.

El tantra de la India es difícil de trasladar sin más a nuestra sociedad porque partimos de contextos culturales muy diferentes y estamos inmersos en sociedades con necesidades muy distintas. Lo que propongo es un tantra adaptado a cada situación particular. Con eso, ya hay suficiente trabajo que hacer.

De hecho, había diseñado un programa para subir la energía sexual, pero en los primeros años me di cuenta de que las personas que recibía estaban muy bloqueadas y de que la experiencia mística que deseaba transmitir alcanzaba a un número muy reducido de participantes. Así que con los años dividí el trabajo. Creé talleres para trabajar el fin del sufrimiento (los bloqueos no solo en las relaciones, sino también sexuales) y dos tipos de talleres con el foco puesto en la sexualidad: unos para explorar ciertos aspectos de la sexualidad, como el desnudo, los masajes, el aprender a dar, a recibir, la presencia, el tacto consciente, y otros específicos para subir la energía sexual. Todo ello ha colaborado para que las personas puedan vivir procesos transformadores en un entorno de respeto e intimidad y así dar un vuelco a su sexualidad.

Deseo que en los cuerpos, en donde habita tanto miedo y vergüenza, puedan crearse memorias bonitas que nos permitan vivir la vida con amor y apertura.

Sí, esto es posible, y tú también puedes experimentarlo.

TANTRA

41

EL ANHELO DE FUSIÓN

Todos tenemos un anhelo de fusión. Y todos la buscamos. A mis sesiones y talleres vienen personas que dicen estar bloqueadas, que no sienten placer y quieren experimentarlo, o bien que intuyen que pueden sentir más. Detrás de esta búsqueda del placer a menudo hay un anhelo de fusión, de experimentar la unidad en todo y con el todo.

El mayor de los dolores que tenemos es la ilusión de la separación, la creencia de que estamos separados del mundo. La conciencia es unidad. La experimentamos antes de nacer, dentro del cuerpo de nuestra madre, conectados a ella por el cordón umbilical. Es cuando empezamos a respirar por nosotros mismos cuando aparece la experiencia individual. Todo nuestro recorrido humano tiene que ver con volver a experimentar esa fusión de la que venimos, que en la experiencia humana empieza con la fusión con la madre y, antes de encarnarnos, en la conciencia en sí misma. Es porque no estamos educados en el despertar espiritual que confundimos el anhelo de fusión con el anhelo de placer.

Nuestra naturaleza, algunos la llaman esencia, es ese «lugar sin nombre».

En nuestra vida cotidiana tenemos atisbos de ese lugar. Por ejemplo, una carcajada que viene de las entrañas. Si alguna vez reíste de verdad, en ese momento no hay pasado ni futuro. O un orgasmo. En esos segundos desaparece el tiempo, por eso lo llaman «la pequeña muerte». No hay nada y hay todo. Es fácil engancharse a esta búsqueda del placer. Genera apego. Pero hay un espacio más allá del placer físico: es la llamada del alma que te impulsa a descubrir ese lugar sin nombre.

42

TANTRA

El tantra es otro nombre del recorrido que proponen todas las corrientes místicas: ir hacia la unidad de todo lo que es, la paz, el gozo, el éxtasis, el amor. Se trata de una corriente mística que tiene ni más ni menos que cinco mil años de antigüedad. Nació en la India y persigue, si es que se puede usar este término, un estado de no dualidad donde lo abrazas todo, donde amas el momento.

En realidad es como cualquier corriente mística occidental, con la única diferencia de no excluye la sexualidad. Más aún, trabaja con la energía sexual y la utiliza para entrar en estados alterados de conciencia, porque la energía sexual es la energía más potente que tenemos. Lo que a veces nos cuesta entender en Occidente es que el tantra usa el sexo con un fin que va más allá del placer, que busca el éxtasis.

El tantra empieza con una conversación entre dos amantes representados por Shiva, que es la consciencia y el principio masculino, y Shakti, la energía, que es el principio femenino. No se trata de un hombre y una mujer, aunque gráficamente se los represente como tales, sino de la energía masculina y de la energía femenina.

El éxtasis acontece cuando Shiva y Shakti se fusionan, cuando se conectan lo masculino y lo femenino, el arriba con

189

el abajo, el adentro con el afuera. Todos los opuestos se encuentran. Desaparece la separación. Se ingresa en la unidad.

En esa unidad no hay sufrimiento porque estamos conectados con nuestra verdadera naturaleza.

Por eso tantra es todo. Es ese lugar. Y por ese motivo cuando salimos del sufrimiento entramos en tantra.

43

SHIVA Y SHAKTI

Shiva y Shakti están haciendo el amor en un monte. En ese encuentro, Shakti le formula a Shiva esas preguntas que todos nos hemos hecho alguna vez: ¿Qué sentido tiene la vida?, ¿por qué estamos aquí?, ¿para qué hemos nacido?, ¿por qué morimos?, ¿adónde vamos después de la muerte?, ¿por qué sufrimos?, etc.

Shiva, como es la consciencia, sabe que los misterios más importantes de la vida no se resuelven con palabras, que hay que experimentarlos. Por eso, en vez de explicárselos, le regala a Shakti ciento doce meditaciones llamadas *sutras*, para que ella experimente en primera persona la revelación de esos grandes secretos.

Shakti representa la energía femenina. También se habla de «energía kundalini» o simplemente de «kundalini». Esta palabra viene de *kunda*, que significa «enroscado». Se la dibuja como una serpiente enroscada sobre sí misma, dormida en la base de la columna vertebral, a la espera de la fuerza capaz de despertarla.

El camino de la kundalini consiste en subir esta energía sexual por los centros energéticos, denominados chakras, hasta la glándula pineal, situada en el séptimo chakra, justo por encima de la cabeza. Ahí estará esperando Shiva, el principio masculino, a Shakti. Para encontrarse, ella tiene que subir, y Shiva, que es la consciencia, sostenerla.

En este encuentro donde la consciencia y la energía se unen es donde trascendemos la dualidad a la que está sometida la mente, donde sentimos esa fusión con el todo de la que hablan los místicos. Es el gran viaje en donde unimos la Tierra con el Cielo.

Todo esto puede parecerte muy esotérico, pero doy fe de que no lo es. Como el verdadero aprendizaje está más allá de las palabras, este libro es una invitación a que explores por ti mismo, a que no creas nada de lo que te cuento, a que experimentes. Utilizar el lenguaje para explicar el tantra es necesariamente limitante, tan solo puedo proponer una aproximación. Por eso te animo a que medites, porque la meditación es la experiencia bajada al cuerpo. Nadie puede explicar con palabras qué es un orgasmo. No es una realidad que se pueda «entender». No te puedo explicar qué es el amor. No se puede. Lo vives o no lo vives.

A Shiva, la consciencia, la despierto cuestionando los pensamientos.

A Shakti, la energía, la despierto y la hago expandirse a través del tantra.

44

TANTRA Y SEXUALIDAD

El tantra no se enfoca exclusivamente en la sexualidad. De hecho, de los ciento doce sutras que Shiva le regala a Shakti, solo seis tratan directamente sobre ella. El tantra es la búsqueda del éxtasis en la vida diaria, y eso significa vivir en la consciencia, en el amor.

Ahora bien, el tantra, a diferencia de otros enfoques y prácticas, considera el sexo como una vía hacia el éxtasis.

La sexualidad es uno de los ámbitos de nuestra vida en donde más conciencia falta. Muchas personas malgastan su energía sexual, que es la más poderosa. De hecho, los tántricos la utilizaban para aumentar la longevidad y mejorar la salud. Y es que el uso de la energía sexual te aporta una gran sensación de vitalidad, de apertura, de creatividad y conexión con la vida. Tan así es que por lo general una persona con depresión tiene la energía sexual muy baja.

Una forma muy fácil de activar la energía sexual es a través de la sexualidad. Siguen existiendo muchos tabúes, mucha represión en torno a esta, por eso merece «la alegría» mirar ahí. Porque es una forma de saciar ese anhelo de placer que tenemos y de hacerlo de una forma mucho más potente, mucho más mística.

El sexo, el nacimiento y la muerte son los grandes tabúes de hoy en día y, a la vez, los grandes misterios donde la vida despliega su sabiduría.

El sexo es la creación por excelencia, pero o bien lo vivimos con cierto temor/rechazo o andamos medio obsesionados con él. El orgasmo es ese momento en que nos quedamos sin cabeza y que nos recuerda que estamos llamados al éxtasis, pero lamentablemente solo buscamos el placer físico y nos olvidamos de que la energía se puede expandir y que podemos vivir la sexualidad de una manera mucho más energética y amplia, conectándola incluso con la espiritualidad.

¡Qué milagro ver nacer a un bebé! Es el momento de encarnarse, el despertar de la forma, de lo que significa «ser humano». Es el momento de empezar a aprender a ser dioses dentro de un cuerpo y por tanto a convivir con nuestro ego y con todas las experiencias terrenales que nos trae la vida. El problema es que a menudo la sociedad vive el nacimiento de una manera antinatural. Parece que nos asusta ver un bebé salir de una vagina.

¡La muerte es el gran despertar! El cambio de forma, la gran invitación a soltar la ilusión de la permanencia. Es un lanzarse al vacío, a darnos cuenta de que no somos nada fijo, que no somos ni nuestros pensamientos ni nuestras emociones ni nuestras identidades, ni tan siquiera nuestro cuerpo. Paradójicamente, escondemos la muerte y al muerto en cajas y velatorios, en lugar de mostrar el misterio.

¿Cómo podemos reconciliarnos con el nacimiento, el sexo y la muerte? Devolviéndoles el espacio espiritual que les corresponde. Empezando por cultivar una visión más sagrada de estos hitos, acercándonos a ellos de forma más meditativa.

ENERGÍA SEXUAL Y SEXUALIDAD

Es importante diferenciar entre sexualidad y energía sexual. Cuando sales a correr o juegas a tenis, mueves tu energía sexual, pero no tienes sexo. La energía sexual es, de hecho, la energía vital. Cuando la mueves tienes mucha más creatividad, más conexión con la vida. Puedes mover tu energía sexual y no excitarte, o bien puedes excitarte sexualmente y mover tu energía sexual. Siempre que te excitas activas tu energía sexual. Y la invitación es a que no te limites a activarla, sino a que aprendas a expandirla.

TRES NIVELES DE RELACIÓN
Y DE SEXUALIDAD

46

TRES NIVELES DE RELACIÓN

Hay tres niveles de relación de pareja. Están las relaciones convencionales, en las que solemos encontrar a un hombre muy masculino, con cierto atractivo sexual pero desconectado del corazón, y a una mujer dependiente. Es el tipo de relación históricamente más habitual en todas las culturas, que sigue siendo mayoritario en muchas de ellas.

Por otro lado, están las relaciones independientes, que son las que priman en los entornos urbanos del mundo occidental, en las que se mezclan los roles de la masculinidad y la feminidad. Las mujeres hemos dado el salto a la independencia, pero en cierta forma nos llevamos mal con nuestra feminidad. Nos hemos masculinizado. Al mismo tiempo, los hombres han perdido masculinidad y se han feminizado, se sienten inseguros al lado de mujeres empoderadas y han perdido iniciativa y fuerza, que son características fundamentalmente masculinas. A causa de esto, las relaciones se han vuelto aburridas.

Esta caracterización se puede matizar, lo importante es señalar que existe una tendencia a vivir más desde la cabeza y a perder nuestra energía sexual, tanto femenina como masculina. Por otro lado, los niveles se mezclan, ¡y nos hacemos un lío! Encontramos hombres que no saben qué papel juegan al lado de la mujer y mujeres que se sienten muy solas al lado de hombres que no están conectados con su poder, a la vez que seguimos transitando estados de dependencia y desconexión del corazón. Todo esto genera mucha insatisfacción.

Por eso muchas personas aspiran a pasar a un tercer nivel: la relación tántrica. Es un tipo de relación que conlleva un nuevo paradigma. A diferencia de lo que sucede en los primeros dos niveles de relación, aquí uno mismo asume tanto el papel masculino como el femenino. Cada uno aprende a sostenerse a sí mismo, fusionando sus propias energías masculina y femenina, y mantiene, a la vez, una buena polaridad sexual. De esta manera lograremos relaciones independientes y, a su vez, conexión sexual.

47

TRES NIVELES DE SEXUALIDAD

Así como existen tres niveles de relación, la sexualidad, como yo la entiendo, tiene tres niveles. El primer nivel es el biológico. Es la llamada que algunas personas sienten a perpetuar la especie, a reproducirse a través de los hijos.

El segundo es el nivel del placer, de su búsqueda a través de la sexualidad. Aquí es donde se quedan la mayor parte de las personas. El gran objetivo es el orgasmo. La gente lo persigue, pero cuando lo alcanza, se esfuma rápidamente y se convierte en el objeto de una búsqueda incesante.

Pero existe un tercer nivel, el de la sexualidad como vía mística. Es una dimensión más grande que la del placer porque en ella lo abrazas todo. Puedes acceder a esos lugares sin nombre que trascienden la genitalidad y el placer físico.

Hay una gran diferencia entre la sexualidad convencional y la sexualidad tántrica. La sexualidad convencional reproduce la masturbación: te tocas los genitales, aceleras el ritmo y explotas. Este es, en esencia, el mapa. Si tienes suerte, puedes encontrar a alguien que alargue la fase inicial de los tocamientos, pero luego se acelera, explota y se acabó.

La sexualidad convencional es básicamente genital y está centrada en el falo, en la penetración, en el coito. Es una sexualidad que consume el deseo, que tiene prisa y que acaba volviéndose muy mecánica, si es que no lo es desde el principio. La sexualidad tántrica es todo lo contrario. No está basada en la tensión, como la convencional, sino en la relajación. Cuando alguien quiere trabajar su sexualidad y volverla más consciente, lo primero que le sugiero es que cambie sus hábitos de masturbación, que no empiece en los genitales, sino en el cuerpo. Que empiece de una forma relajada y vaya moviéndose, tocándose, respirando de forma continua, inhalando profundamente para dejar entrar las sensaciones.

Si cambias tus hábitos de masturbación, luego puedes reproducirlos en las relaciones con otras personas y cambiar el mapa. La sexualidad consciente es una invitación a estar presentes, a centrase en las sensaciones. Respiramos las sensaciones como si no existiera nada más. Disfrutamos del recorrido, no nos enfocamos en el orgasmo. El encuentro es más energético que físico. Esto no es incompatible con la pasión, la intensidad y la genitalidad propias de la sexualidad. Lo que cambia es el lugar desde el que lo haces: es un lugar más consciente.

Con la respiración tenemos la posibilidad de expandir nuestra energía sexual y, por eso, en tantra, los hombres aprenden a retrasar su eyaculación e incluso a tener orgasmos sin eyacular. No es malo eyacular, pero cuando un hombre eyacula se queda sin energía, y lo que queremos en tantra es llenarnos de energía. De tal forma que podemos aspirar a tener orgasmos energéticos. El orgasmo tántrico es una meditación relajada y profunda donde el placer y la energía se expanden por todo el cuerpo. Puedes disfrutar todo lo que quieras porque no perderás energía alguna, sino que la incrementarás.

En el sexo tántrico no tienes la sensación de que algo empieza o termina. En el sexo convencional, cuando se alcanza el clímax se produce una sensación de separación, se rompe de alguna forma la conexión. Sientes placer, pero pierdes la sensación de fusión. Por eso algunas personas necesitan abrazarse fuerte después del orgasmo: para intentar mantener la sensación de unidad.

En el sexo tántrico no sientes que algo empieza y algo termina. Tú eres uno pero no estás separado del otro. Es una experiencia de unidad, de plenitud. Estás plenamente en el cuerpo, respirando. No hay identificación con imágenes, con la mente, con el ego. Hay éxtasis.

Aquí es donde sexo y espiritualidad se unen.

POLARIDAD

48

POLARIZARNOS

Las personas somos energía, así que para que se produzca la química en las relaciones de pareja tiene que haber un polo positivo y uno negativo. Como en los imanes. Si pones juntos dos polos iguales se repelen, y si unes dos polos opuestos, se atraen. Esto aplica tanto para las relaciones heterosexuales como para las homosexuales. No es necesario que haya un hombre y una mujer, sino una energía femenina y una masculina. Se debe entender, por tanto, qué significa cada una de estas energías. Llamaremos Yin a la energía femenina y Yang, a la masculina. Empecemos por sus cualidades.

La energía Yin es la energía de la relajación, del ir hacia adentro, de la receptividad, la comprensión, la flexibilidad, la paciencia, la dulzura, la ternura, la compasión, el acompañamiento emocional, la sensualidad.

La energía Yang es la dirección, la precisión, el orden, la acción, la reflexión, la clasificación, la capacidad de emprender, de materializar algo.

Podemos llevar esta caracterización a todas las esferas de la vida. Concebir, por ejemplo, que el sol es Yang y la luna es Yin. Que el verano es expansivo, un tender hacia fuera, y por eso es más Yang. Que el invierno, al contrario, nos invita al recogimiento, a la escucha, y es más emocional, más Yin. También podemos observarlo en la arquitectura de las ciudades. La energía Yang se manifiesta en esas ciudades donde encontramos edificios altos, rectos, grises. En aquellas ciudades con más color, estructuras redondeadas e incluso más caos, se despliega una energía más Yin.

Es importante entender las cualidades en sí mismas para percibir el matiz. Qué tanta energía Yin o Yang tiene una cosa dependerá del contexto, de aquello con lo que se compare. Por ejemplo, Barcelona es una ciudad Yang con relación a Marrakech, pero al lado de Nueva York es más Yin. Es importante entender la energía que aporta cada cualidad.

El mundo de la alimentación es apasionante y también refleja estas cualidades. Alimentos como las verduras, las frutas, el azúcar, tienen energías muy Yin, pero en una escala del cero al diez, el azúcar blanco es una energía radicalmente más Yin que la de una fruta, por ejemplo. Y dentro de las frutas, el plátano es más Yin que una manzana. En el apartado Yang, tenemos los alimentos más contractivos, y encontramos las carnes, los pescados, los quesos y los cereales. Comparativamente, es mucho más Yang comer un filete de carne roja que comer pollo.

Categorizar en base a las energías Yin-Yang es una manera de etiquetarlo todo, pero para comprender qué es lo que crea magnetismo entre dos personas, es útil recurrir a este tipo de analogías. Es importante no pelearse con el hecho de etiquetar estas cualidades. Si te mueve, es porque hay cualidades de las que tú tienes mejor concepto que de otras. La plenitud está en el equilibrio entre nuestro Yin y nuestro Yang.

Dentro de cada uno conviven muchas cualidades, algunas más Yin y otras más Yang. La idea es que se complementen. Los extremos son un signo de desequilibrio. Por ejemplo, si yo soy extremadamente comprensiva (Yin), pero no tengo capacidad para poner límites (Yang), voy a ser una alfombra que otros podrán pisar. Por poner otro caso: si tengo mucha capacidad para emprender y capacidad de liderazgo (ambas Yang), pero no tengo capacidad de escucha e ignoro a mis trabajadores (Yin), voy a crear un tipo de relación autoritaria, en donde exigiré sumisión a mis empleados. Esto se puede trasladar también a las relaciones. Cuanto más desequilibrio entre mi Yin y mi Yang, más atraeré la energía opuesta a la que predomine en mí. Un caso muy habitual es aquel en el que un miembro de la pareja es muy complaciente y el otro muy egoísta. Es fácil culpar al otro de su egoísmo, pero eso habla de que una parte de mí no está equilibrada y de la falta de espacio propio, límites y respeto por mis necesidades.

Si mis energías están equilibradas, atraeré a alguien con una vibración más equilibrada también o, si aparece alguien con mucho egoísmo, seré capaz de poner límites y de no entrar en juegos tóxicos. Hay mucho que puede hacerse para tener relaciones sanas, funcionales y pasionales al mismo tiempo.

Cada uno tiene que saber, según sus cualidades, qué le falta, qué debe potenciar para promover la polaridad. Por ejemplo, una mujer emocionalmente dependiente es una mujer a la que le falta energía Yang, que es la que permite poner límites. No se trata de ensalzar una energía por encima de la otra. Se trata de integrarlas dentro de cada uno de nosotros.

Como hemos dicho con respecto a las relaciones de pareja, una de las cosas que se necesitan para que una relación funcione es que convivan la *Philia* y el *Eros*. Esto también es polaridad. La *Philia* es una energía más Yin y el *Eros* es una energía más Yang. Cuanto más exceso de *Philia* haya —o de Yin—, más «hermandad» habrá, cuanto más exceso de *Eros* —o Yang—, más conflicto.

Mi primera tarea es equilibrar mi energía, pero también hay un trabajo que puede hacerse en pareja. Cuando las energías de dos personas se juntan, se crea una nueva energía con su propia tendencia, por ejemplo, tener más *Philia* que *Eros*. En este caso, tendremos que buscar espacios donde se cree tensión, conversaciones más incómodas, momentos donde se pueda echar de menos al otro y una sexualidad que integre también la parte animal. Si, por el contrario, nuestra relación tiende a tener más *Eros* que *Philia*, necesitaremos trabajar la conciliación, la tolerancia frente a la diferencia de opiniones y la paciencia ante los procesos de cada miembro de la pareja.

Entender la polaridad y la importancia que tiene en las diferentes áreas de nuestras vidas es apasionante y fundamental.

Para que una relación funcione necesitamos tanto de la semejanza, que hace que las cosas sean fáciles, como de la complementariedad, para poder admirar y sentir deseo por el otro.

Es interesante entender que el exceso de complementariedad puede provocar en el inicio de una relación una atracción enorme, pero este mismo exceso de diferencia puede conducir, con el paso del tiempo, al rechazo y la separación. Aquello que al principio te parece tan atractivo es lo que acaba molestándote del otro.

Puedes sentir, por ejemplo, una atracción inicial por alguien con una gran vida social, llena de viajes y ajetreo, pero justamente eso, si es complementario a ti, con el tiempo puede cansarte y provocar una separación. Otro ejemplo de exceso de complementariedad es sentir una gran atracción por alguien muy tranquilo, bondadoso, que transmite calma. Con el tiempo, sin embargo, esto te aleja porque te provoca rechazo que no sea una persona con iniciativa, que te proponga planes, más activa.

Se trata, pues, de encontrar un equilibrio. Un poco de complementariedad es necesaria para que una persona te guste y te excite; demasiada, crea poco entendimiento.

La polaridad se puede vivir en la relación y también en la sexualidad. En la cama, para que no solo sintamos atracción y tensión sexual, sino que logremos una sexualidad satisfactoria, es preciso que la persona que represente más el Yang (sabiendo que todos tenemos Yin y Yang) esté presente y tenga capacidad de despertar y sostener la energía del otro: capacidad de liderazgo; y que la persona que represente más el Yin esté relajada y embriagada de sensualidad.

En el caso de una pareja heterosexual, el hombre representa el Yang y la mujer el Yin. ¿Siempre debe ser así? La realidad es que suele funcionar mejor de esta manera, porque en nuestro cuerpo físico también encontramos la polaridad. En el caso del hombre, la parte del cuerpo más activa, más Yang, está en sus genitales, y la parte más Yin, más receptiva, en su pecho. Por tanto, el hombre polarizado es aquel que tiene su fuego despierto y que tiene que aprender a no consumirlo. Debe hacer un viaje del genital al corazón. En el caso del cuerpo de la mujer, el polo más activo está en los pechos y el polo receptivo está en su genital. La mujer tiene su centro más activo en su centro emocional y su sexualidad está unida a su parte emocional. Para ella, el camino es vibrar en el corazón y desde ahí, bajar a su fuego, a su sexo.

Como el hombre tiene su polo activo en el genital, su cuerpo no necesita tanta preparación preliminar como el de la mujer. Por su fuego, su sexualidad es externa, más superficial y más rápida de encender. Su virtud reside, entonces, en su capacidad de estar presente en ese fuego. Primero invita a despertar a la diosa, ya que la mujer necesita más tiempo para abrir su sexualidad, que es su polo receptivo. Luego, debe sostener ese fuego, que tiende a desparramarse. La tarea del hombre es activar y sostener en el acompañamiento. La tarea de la mujer consiste en relajarse y activar su cuerpo erótico para despertar la energía sexual. Más adelante profundizaremos en la sexualidad femenina y veremos que este es un tema clave en su desarrollo. En una relación heterosexual, una vez que el cuerpo de la mujer está activo y despierto, ella tiene la capacidad de facilitar que la energía sexual se eleve. Permite así que el hombre pueda gozar también de esa experiencia, ya que su tendencia va a ser siempre eyacular.

En la homosexualidad, a nivel energético, el funcionamiento es el mismo. Se precisa un Yin y un Yang predominantes. A nivel físico, en el caso de dos hombres con dos polos activos funcionando, aunque estén polarizados, tendrán tendencia a tener una sexualidad más instintiva. Esta caracterización es solo un mapa. Habrá que ver también el nivel de Yin y de Yang que tenga cada uno. De entrada, puede ser una sexualidad mucho más rápida, porque para que dos hombres tengan un orgasmo se necesitan dos minutos. Por regla general, habrá que poner la atención en la intimidad, en expandir la energía y en que no se convierta en algo puramente físico.

En el caso de que la relación sea entre dos mujeres, los dos polos activos estarán en el corazón, así que, también por regla general, habrá más tendencia a generar un vínculo fuerte entre ambas, pero con tendencia a apagar la sexualidad. Habrá que potenciar aquí el movimiento circular de las caderas, porque es una sexualidad más redonda y no tan direccional como la masculina. Será preciso estimular más la sensualidad y disponer de tiempo para encender el deseo, activar la energía sexual y mantener una sexualidad activa en el tiempo.

En los próximos capítulos nos adentraremos más profundamente en qué significa ser un hombre o una mujer polarizados.

49

MUJERES POLARIZADAS Y
MUJERES DESPOLARIZADAS

Existen dos tipos de mujeres despolarizadas. En el modelo de relaciones tradicional, la encontramos en la mujer dependiente, que no se hace dueña de su lugar en la relación ni de su placer. La dependencia no le permite exponer sus necesidades por miedo al abandono y acaba negándose a sí misma y a su propio placer. También podemos encontrar a la mujer despolarizada en la mujer moderna, aquella que se ha subido al carro del empoderamiento pero que, en esa lucha por recuperar una posición de igualdad con respecto al hombre, ha tendido a masculinizarse. Tanta búsqueda de independencia le ha llevado a endurecerse. Ha perdido su capacidad de interiorización e intuición, decantándose por una sexualidad de descarga. Estos modelos, en apariencia tan dispares, no están tan separados. En la mujer de hoy en día emerge una y otra vez el conflicto entre la necesidad de independencia y una dependencia que en el fondo no ha desaparecido. Esta es una problemática que sale a la luz continuamente en los talleres y en sesiones de acompañamiento: mujeres que tienen necesidad de vincularse pero que niegan esta necesidad por miedo a apegarse, y cuando finalmente se vinculan, vuelven a caer en las redes de la dependencia.

Es un tema de gran actualidad y merece que le dediquemos unas líneas. Cada vez más nos encontramos con mujeres independientes económicamente, inteligentes, que anhelan conexiones profundas, que desean tener una pareja, pero que se niegan a ellas mismas que esto es lo que quieren. Entran en lucha. Es una gran contradicción: en secreto, sigo poniendo en valor que un hombre me vea y me quiera, pero juego a que estoy bien sola.

Una mujer empoderada y bien polarizada sabe sostenerse a sí misma. Esto implica un grado de honestidad enorme con ella misma que le permite honrar sus anhelos más profundos, atreverse a expresar lo que quiere delante de un hombre, pese a correr el riesgo de que se vaya. Esta mujer empoderada gestiona sus procesos emocionales estando o no en pareja. Si se siente carente porque no tiene pareja, se cuestionará: «Necesito pareja. ¿Es verdad?». Y si está con alguien, gestionará todo lo que esa relación le suscite, expresándose desde la vulnerabilidad y desde el corazón. Si entra en el juego de hacerse la fuerte, de simular que nada le importa, se va a despolarizar, porque reprimirá sus emociones y se desconectará de su energía femenina. Una mujer empoderada no tiene por qué ser una mujer masculinizada.

¡Imagínate qué locura! Los hombres, con su tendencia a estar desconectados de su mundo interno, y ahora, mujeres cada vez más desconectadas, viviendo desde su cabeza. Cuando esto ocurre, la pareja se reduce a dos personas que conectan de mente a mente y donde no puede suceder nada profundo. Un verdadero desastre. De ahí que muchas parejas pierdan la conexión sexual muy rápido.

La mujer moderna rechaza a la mujer dependiente. Pero, a menos que no trabaje en ello, la mujer dependiente sigue formando parte de ella. Salgo de la dependencia cuando acepto que forma parte de mí, la cuestiono, trabajo esas creencias y aprendo a comunicarme desde el corazón. No es que la dependencia forme parte de la mujer, sino que el hecho de rechazarla hará que forme parte de ella.

Necesitamos volver a nuestra esencia: sentir.

Una mujer que representa el papel de mujer fuerte y poderosa a tiempo completo no es una mujer empoderada. Acabamos siendo mujeres que penetramos a los hombres con nuestras demandas y nuestras maneras abruptas de decir las cosas. Una mujer empoderada sabe sostenerse en sus procesos emocionales desde la vulnerabilidad, desde la conexión con sus pautas cíclicas. Una mujer empoderada conoce y está en paz con y en su propio cuerpo, está abierta al placer y disfruta de él independientemente del compañero que tenga delante. Una mujer empoderada es dueña de su placer sexual, asume la responsabilidad de llevar su cuerpo a un estado de relajación y permite que su energía erótica fluya por él completamente.

50

HOMBRES POLARIZADOS Y
HOMBRES DESPOLARIZADOS

El hombre ha estado despolarizado durante siglos debido a nuestra cultura patriarcal. Su masculinidad ha estado alejada de la energía femenina. Son hombres muy testosterónicos (la testosterona es la hormona del deseo sexual) que en la cama buscan su propio placer y no respetan los ritmos del cuerpo femenino, no generan intimidad y lo centran todo en el pene. Cultura porno.

Quiero pensar que este ya no es el modelo generalizado. A este tipo de hombres les hace falta mucha conexión con el corazón, mucha energía femenina para complementar y equilibrar su energía masculina. Deben desarrollar la capacidad de escucha, la empatía en el sexo, la lentitud, la capacidad de entender el cuerpo como un todo y no centrarse solo en lo genital, yendo directamente ahí, aprender a tocar el cuerpo con delicadeza y sensualidad, etc.

El auge del empoderamiento femenino de las últimas décadas ha dado como resultado que haya más información y más conciencia sobre las cuestiones de género. Se va apreciando y aceptando la sensibilidad en el hombre. Existe menos presión del mandato por el cual «hombres de verdad eran los duros». El problema del hombre moderno es que o ha apagado su fuego, o se ha quedado en un estado tan mental que se ha desconectado de su propio cuerpo. Las mujeres los ven como amigos, pues no emiten señales de «masculinidad».

Son hombres a los que les gustan las mujeres, pero no saben potenciar su lado masculino y no resultan atractivos. Algunos incluso han ido perdiendo la confianza y se ofrecen de entrada solo como amigos porque no confían en ser atractivos como hombres. Un hombre así piensa: «Me van a rechazar». Y justamente esa inseguridad provoca el rechazo.

El hombre moderno es un tipo de hombre que se va sintiendo cada vez más inseguro al lado de las mujeres y va perdiendo iniciativa y capacidad de conquistar. En este caso, el camino para polarizarse implica recuperar la seguridad y la confianza en sí mismo. Ha de aceptar la posibilidad del rechazo y exponerse. Ha de arriesgar.

¿Cómo se puede trabajar esto? Cuestionando las creencias, como vimos en la primera parte del libro. Algo estás creyendo para no sentirte seguro.

El hombre polarizado es aquel que está en contacto con su fuego —su deseo sexual—, que se siente seguro como hombre y a la vez vive sus emociones, sin reprimirlas ni negarlas. Es un hombre que tiene capacidad de iniciar, conquistar y proponer, pero al mismo tiempo tiene capacidad de escucha y es sensible a las necesidades de la mujer. A nivel sexual, está presente, sabe encenderla y darle placer, y la sostiene mientras su excitación va en aumento, acompañándola en el viaje de ir subiendo su placer hasta llegar ambos a un mismo nivel de fuego. Es, como a veces me gusta llamarlo, un «empotrador sensible».

FALTA DE DESEO SEXUAL

FALTA DE DESEO SEXUAL: CAUSAS Y SOLUCIONES

Perder la libido es algo muy común entre las mujeres y cada vez más entre los hombres. Tener altibajos en tu deseo sexual es normal, hay épocas y días de subida y otros de bajada. Lo que no es normal es que nunca tengas libido.

Tu libido es parte fundamental de tu salud. ¡Es un barómetro para saber cuán encendido y enchufado estás a la vida! Lamentablemente no hay una tecla mágica donde tocar. El tratamiento para la falta de libido a veces resulta complejo porque depende de muchas pequeñas cosas. Hay que ver a la persona en su totalidad, repasar los distintos aspectos de su vida e ir incorporando pequeños cambios/hábitos hasta restablecer el deseo.

Es un tema tan importante hoy en día que he querido dedicarle un apartado independiente en este libro. Para que comprendas su complejidad, voy a listar una serie de condicionantes que pueden estar afectando tu libido. Este inventario es el fruto de mi experiencia acompañando hombres y mujeres en los talleres y sesiones que llevo adelante hace ya más de diez años.

Aquí podrás repasar las posibles causas de tu falta de deseo sexual. Mi intención es que tomes conciencia de qué áreas hay que trabajar. Como te decía, no hay pastillas mágicas ni botones milagrosos donde tocar. Tu compromiso es básico. Para recorrer este camino no sirven las medias tintas. Mi parte es sugerir, ofrecerte las mejores herramientas, la tuya, aplicarlas.

Vamos a ello:

SALUD, HORMONAS Y ESTILO DE VIDA

Es necesario revisar en qué estado está nuestra salud y qué estilo de vida llevamos. Tener afectada la tiroides, por ejemplo, afecta a la libido. Es importante hacer un chequeo médico y mirar que todo esté en orden.

Y esto también implica un chequeo hormonal supervisado por un médico especialista. ¿Sabías que la falta de testosterona condiciona tu deseo sexual? ¡Mujeres, importante, mirad esto! En el caso de los hombres, es igualmente importante. Muchos vienen a la consulta porque no tienen ganas de practicar sexo y después de hacerse este chequeo comprueban que sus niveles de testosterona son bajos.

El ejercicio físico ayuda a aumentar la testosterona. Pero no cualquier práctica sirve. Puedes asesorarte con un preparador físico para incluir ejercicios de tonificación en tu rutina. El sedentarismo no va a enchufarte a la vida. Suda, acelera tu corazón (¡qué buen símbolo!), muscula y oxigénate. Si no, la sangre no llega a tus genitales. ¡Vamos!

Los alimentos que consumes también afectan a tu libido. ¿Recuerdas cómo te sientes después de una comida copiosa? Te mueres en el sofá, ¿cierto? Eso no suena muy excitante... Hay que revisar los hábitos alimenticios. Hay una confusión grande en este tema porque asociamos, por ejemplo, comer vegetales con salud. Comer vegetales puede ser saludable, pero lo será más saber qué comer, cuándo, y contrastado con qué.

Y es que no todo sirve para todo el mundo (por eso es importante hacerte un chequeo hormonal). Según sea tu situación, necesitarás un tipo de alimentos u otros. Por eso, cuando una persona viene a la consulta y veo que hay que abordar el tema de la alimentación, le sugiero que consulte a un especialista. Busca en tu ciudad alguien especializado en el tema y profundiza en ello.

¡La química afecta mucho! Me refiero a los antidepresivos, a los ansiolíticos y hasta los anticonceptivos. Sí, cómo lo oyes, todo eso afecta a tu deseo sexual y queda retenido en tu memoria celular. Por eso, todas aquellas personas que se mediquen o que se hayan medicado durante mucho tiempo es probable que necesiten una limpieza energética (a través de la alimentación) para eliminar los posibles restos de la química.

No quería olvidar el alcohol, que también está incluido en este apartado, ¡y es que vivimos en un país donde todo se celebra comiendo o bebiendo! El alcohol te desinhibe, es verdad, pero en los hombres puede provocar que tengan menos erecciones, y en las mujeres, que tengan menos lubricación. ¡Así que, cuidado con esto!

TRAUMA Y ASOCIACIONES NEGATIVAS CON EL SEXO

Es obvio que haber padecido algún tipo de abuso en tu infancia puede estar condicionándote. (¡Hay que tratarlo!) Pero también, lo hayas sufrido o no, pueden operar asociaciones limitadoras sobre el sexo: «El sexo es sucio», «los hombres siempre piensan en lo mismo», «él solo quiere metérmela», «la penetración duele», «debería llegar al orgasmo», «quiero que tenga un orgasmo», «debo estar a la altura», etc.

Todos estos pensamientos (visibles o invisibles) están haciendo un muro y bloquean tu placer. ¡No somos conscientes de lo poderosos que son!

Hay que dedicar tiempo a desprogramar esas creencias tan arraigadas en nuestro subconsciente y que han sido fijadas por nuestro entorno, educación o experiencias pasadas.

ESTRÉS

Una característica de nuestros tiempos es un ritmo que nos hace vivir más en la cabeza y nos desconecta del cuerpo. Nuestros niveles de cortisol (la hormona del estrés) suelen estar muy altos hoy en día y esto afecta a nuestra libido. Tantos objetivos, tantas responsabilidades, tantos desafíos cotidianos, que cuando toca sentir, no lo hacemos, ¡pensamos! Y en el sexo sucede igual, pensamos sobre el sexo pero luego, a la hora de vivirlo, no lo sentimos de tanto que lo hemos imaginado, sobre todo en el caso de los hombres, o sencillamente, cuando estamos en el acto, nuestra mente está en otra parte y el cuerpo deja de sentir.

Tener una práctica meditativa diaria que nos ayude a estar presentes nos será de gran utilidad en este terreno también. Puedes tener tu propia práctica matutina, eligiendo la postura que más te convenga. Puedes probar meditaciones que impliquen movimiento si te sientes más cómodo, como bailar, o realizar diferentes ejercicios tántricos.

Esta es una de las razones por las que creé los talleres de tantra, que son una manera de aprender a meditar en el movimiento y en la energía erótica. Mientras más memoria tenga tu cuerpo de estar presente, más fácil te será volver al cuerpo.

DESCONEXIÓN CON EL CORAZÓN

Este tema es especialmente determinante en las mujeres o en las personas que tienen mucho Yin. La apertura del corazón condiciona directamente la apertura sexual. Acumular resentimientos, ira o decepciones dificulta los encuentros con tu pareja. Existe una pregunta clave para hacerse en estos casos: ¿Confías en tu pareja? Si no tienes pareja, pregúntate: ¿Estoy disponible emocionalmente para conectar con otra persona? Contéstate con sinceridad revisando si en tu fuero interno no aparecen críticas como «son todos iguales» o «la persona que anhelo no existe».

En todas las relaciones es natural tener diferencia de opiniones y hasta discutir. Sin embargo, si no haces un trabajo de autogestión emocional, acumularás sentimientos y emociones que te acabarán cerrando frente a tu pareja.

FALTA DE EROTISMO Y CONEXIÓN CON EL CUERPO ERÓTICO (FALTA DE POLARIDAD SEXUAL)

Cuando hablamos del tema de la polaridad expusimos que para que dos personas tengan y mantengan un buen sexo se necesita que uno de los dos represente más la energía masculina y el otro la femenina, pese a que todos llevamos dentro estas dos energías. En la práctica, en una relación heterosexual, por ejemplo, el hombre tiene que estar presente para despertar a la diosa y sostener la energía cuando esta se despierte. En el caso de la mujer, ella tiene que estar relajada para soltar el control y despertar su sensualidad. Al principio, él lidera y sostiene, ella se despierta, y luego, es ella la que guía hasta el éxtasis. Insisto: entrar aquí es una verdadera maravilla y una odisea para los sentidos. Aunque podría estar escribiendo sobre esto durante horas, me limito aquí a ofrecerte un primer mapa. Tengo comprobado que la razón por la que todas las relaciones, aun teniendo química, se apagan, es que terminan despolarizándose: ellos pierden la presencia y ellas la relajación.

Mujer, ¿estás relajada en la cama o te cuesta soltar el control?, ¿estás conectada a tu sensualidad?, ¿te mueves dando rienda suelta a tu parte salvaje o sientes vergüenza en la cama?

Hombre, ¿estás presente o pendiente de tu orgasmo o del suyo?, ¿sabes tocar el cuerpo de una mujer?, ¿sabes tocar bien el clítoris?, ¿desde dónde haces los «preliminares», desde una búsqueda de la excitación o desde un deseo de compartir?

Cuando el Yang deja de estar presente y el Yin relajado perdemos conexión, magnetismo y polaridad. La buena noticia es que no es nada difícil recuperar dicha polaridad.

¡Tantraaaaaaa!

Aquí hay mucho campo de trabajo que hacer. Aprender a relajar el cuerpo, aprender a dar, a recibir. Revisar desde dónde tocamos, porque cuando tocamos para producir algo, por ejemplo, para que el otro se excite, produce el efecto inverso: en vez de abrirse, el cuerpo que tenemos delante se cierra. No queremos que nos toquen desde ese lugar. Lo que más ayuda a que los cuerpos respondan es la presencia. Estar. Así que se puede aprender a tocar como acto meditativo, a estar en las sensaciones del dar y a estar en las sensaciones del recibir. Y cuando decimos aprender a tocar, puede ser tocar la piel, pero también aprender a tocar los puntos erógenos y los genitales. Aprender a escuchar el cuerpo del otro, escucharlo de verdad. Sentir cuándo es el momento de tocar en un sitio o en otro. ¡Es un arte!

El erotismo también entra en juego aquí. ¡Qué importante es! A las parejas les falta erotismo. Tenerlo beneficia a ambos. A aquellos que tengan mucho fuego les ayuda a sostenerlo, y a quienes les cueste encenderlo les ayuda a aumentarlo.

Cuando se trabaja el erotismo, no solo vemos cómo las relaciones sexuales mejoran, sino cómo aumenta cada vez más la conexión de la pareja. Ser testigo de esto es maravilloso; sucede y tengo el privilegio de haberlo visto en muchísimas parejas a lo largo de estos años.

Llegamos al final de la lista de temas a revisar cuando hay falta de deseo sexual. Si nada de lo anterior te resuena, quizá es que sencillamente no hay química en la pareja. Sí, esta es la parte que menos gusta, pero también puede suceder. Hay personas que se entienden intelectualmente o de manera funcional, pero no tienen química o conexión sexual, ¡y es que esta no se puede elegir! Es un misterio que por un exceso de mente no sabemos apreciar.

¡Cuántas veces habré oído eso de «todo es perfecto, excepto el sexo»!

Pero el sexo es algo importante en una pareja. Es lo que la distingue de la amistad. ¿Quieres solo un compañero de piso o quieres un compañero, amigo y amante? Porque sí es posible tener ambas cosas, amistad y erotismo.

A veces esa falta de conexión sexual se refleja en cosas tan básicas como estas:

- ¿Te gusta su olor? ¿Su cuerpo?
- ¿Te gustan sus besos?
- ¿Finges tus orgasmos?
- ¿Miras a otras personas constantemente?
- ¿Estás teniendo una aventura?

Estas preguntas no son concluyentes ni determinantes al cien por cien, por supuesto, pero que no te guste su olor o su sexo es bastante significativo. Y si eres una persona de naturaleza fiel y te encuentras fantaseando con otras personas constantemente, pues no deja de ser un indicador.

Si de la lista de los condicionantes que has leído hasta ahora ninguno te resuena, quizá debas considerar este último. Tal vez lo mejor será ir en busca de alguien que sea más afín a ti, con quien puedas vivir todas las dimensiones que una pareja conlleva. Pero antes de llegar a ninguna conclusión, es importante una mirada atenta a uno mismo, porque muchas veces se trata de ajustar alguna creencia o recuperar la polaridad.

Esta es una invitación a que recuerdes que tu dimensión sexual es importante.

No es el otro, eres tú.

Tu vida, tu sexo, tu conexión con la vida.

No te marchites. La vida está para vivirla.

Te voy a presentar un caso muy típico: Hombre quiere sexo, mujer no.

Esto puede obedecer a las más variadas razones. Desde que, llana y sencillamente, es tarde y a ella no le apetece, hasta razones más emocionales. Por ejemplo, que han discutido hace poco y ella no se siente abierta para exponer su cuerpo. Puede ocurrir que ella tenga una historia personal cargada de pensamientos estresantes sobre el sexo, o incluso traumas. Pueden existir razones energéticas, cuando, por ejemplo, la otra persona no está presente y solo se acerca a la mujer para tener sexo. Si cada vez que mi pareja me da un beso y un segundo después terminamos teniendo sexo, voy a crear la asociación «beso igual a sexo» y eso me va a cerrar frente a él. También es típico que una sexualidad centrada obsesivamente en el genital haga que mi cuerpo se cierre, que no me apetezca sentir que soy una «vagina masturbadora».

Cualquiera sea la razón por la que no quieres tener sexo, el trabajo consiste en comprender qué te ocurre y luego, ponerte manos a la obra.

Hace un tiempo una mujer vino a la consulta por este motivo. Identificamos el por qué, lo empezamos a trabajar y, mientras nos ocupábamos de sus temas con la libido, también exploramos el por qué decía que «sí» cuando en realidad quería decir «no».

Si tienes falta de libido, debes hacerte responsable de esta situación, pero hacerse responsable no quiere decir acceder a tener sexo cuando tu cuerpo no está disponible, ¿entiendes?

Hay que trabajar para que tu cuerpo se abra. ¡Te aseguro que se puede abrir! Pero mientras haces ese proceso, si cedes por miedo, la situación empeora: tu cuerpo se va a cerrar aún más. Dadas las circunstancias del caso que leerás a continuación, era imprescindible trabajar este punto.

—Cuéntame cuál es la situación.

—Estoy en casa, en mi cama. Son las doce y media de la noche. Él se acerca para tener sexo. No quiero, pero accedo.

—OK. ¿Qué estás creyendo para decir que «sí» cuando en realidad quieres decir «no»?

—Pues que si le digo que no, él se va a enfadar.

—Vamos a investigar esto. «Él se va a enfadar», ¿es verdad?

—Sí.

—¿Puedes saber con absoluta certeza que esto es verdad?

—Sí.

—¿Qué pasa, cómo te sientes, cómo reaccionas cuando crees este pensamiento?

—Me siento mal, Elma. Estoy agobiada. Mi cuerpo reacciona con rechazo: ¡No quiero esto! Intento hacerle ver que estoy cansada, convencerle. Lo manipulo. No tengo una comunicación clara con él. Mi mente viaja al pasado. Tengo imágenes de otras veces en que ha pasado lo mismo, sí, muchas imágenes del pasado donde he sido reticente a tener sexo y luego él me ha puesto malas caras y hemos estado desencontrados días por eso.

—¿Y tienes imágenes del futuro?

—Sí, imágenes de que eso es lo que pasará. Lo veo clarísimo.

—¿Y quién serías sin el pensamiento de que «él se va a enfadar»? Si solo estuvieses en ese momento, sin la historia que te cuentas de un pasado o de un futuro.

—Me sentiría bien, sin agobio, como si me desprendiera de algo, como si me quitara un gran peso de encima.

—OK. Primera inversión. Inviértelo hacia ti.

—Yo me voy a enfadar.

—Dame ejemplos de esto.

—Sí, ¡en ese momento estoy enfadada!

—Síii, ¡qué fuerte! Cuando piensas en lo que pasará, sufres el efecto en el ahora de lo que crees que pasará y te enfadas antes de que pase nada. ¡Así de bonita es la mente!

—Si digo que «no» a lo que yo quiero, que es no tener sexo, me voy a enfadar, porque voy a hacer algo que no quiero.

—Muy bien. Vamos con la segunda inversión.

—Yo me voy a enfadar con él.

—¿Cómo es verdad esto?

—¡Uy, sí! ¡Yo estoy enfadada con él! Porque me propone algo que no quiero, por sus formas, porque va demasiado directo.

—Sí, sí que estás enfada contigo y estás enfadada con él. Eso es lo que está pasando en ese momento. Vamos a la inversión opuesta.

—Él no se va a enfadar. Mmmm. Bueno, en ese momento, y solo en ese momento, aún no se ha enfadado.

—Exacto. No tienes ninguna prueba de ello. Aún no se ha enfadado. Te estabas adelantando con tu imaginación. De momento, en ese momento, todo está bien, y con esta conciencia es mucho más fácil comunicarse, ¿cierto?

—¡Sí! Además, no estoy diciendo ni haciendo nada malo.

—Exacto. Ahora estás conectada a tu verdad. Desde ahí, todo está bien. ¿Tienes algún ejemplo más?

—En sus ojos veo amor.

—¡Qué bonito! Mira cómo lo ves ahora ¿cómo te sientes en ese momento?

—Pues me siento bien. Siento que lo quiero mucho y que tengo un buen compañero.

—¿A que ahora estarías más dispuesta a tener sexo?

—¡Síiiiii!

—¡Qué increíble! Cuando crees tus pensamientos, todo es una amenaza, cuando no los crees, todo se siente mucho más amable. Y desde ahí, puedes tener sexo o estar conectada a él, le puedes decir que no sin rollos ni historias. Elijas lo que elijas, como ahora lo estás haciendo desde el amor, cualquier cosa que hagas estará bien. Desde este lugar en que te encuentras ahora, trabajar con tu libido va a ser la cosa más fácil del mundo. ¡Seguimos!

SEXUALIDAD FEMENINA Y MASCULINA

Antes de abordar la sexualidad femenina y masculina, vamos a hablar sobre las diferentes maneras de vivir la sexualidad que todos tenemos:

MASTURBARSE CON UN CUERPO

Se trata de encontrar tu propio placer a través de otro cuerpo. No se tiene en cuenta a la otra persona, solo buscamos descargar energía. Es una experiencia basada en el egoísmo.

PRACTICAR SEXO

Ocurre cuando nos damos placer mutuamente. Damos placer, recibimos placer y compartimos placer. Sí queremos que el otro disfrute.

HACER EL AMOR

Implica conexión emocional, hay vulnerabilidad, un ir más allá del cuerpo. Hay intimidad, amor. Es lo que anhelamos, pero experimentamos muy pocas veces.

SEXUALIDAD SAGRADA

Vivir la sexualidad como un trance. Respirar todo. Hacer el amor contigo, con el otro, con la vida. No hacer nada, dejar que suceda. Pura meditación, pura presencia. Notar cómo la energía sexual se expande y el tiempo desaparece literalmente. Sí, ¡esto existe!

Encontramos de nuevo diferentes maneras de experimentar el placer. Las primeras formas son muy físicas. La sexualidad se vive como una descarga. Se empieza desde la tensión y se termina en la relajación. Es decir, nos excitamos desde la tensión hasta que explosionamos con un orgasmo y ahí nos relajamos. Es lo normal para mucha gente.

La sexualidad tántrica está más centrada en la relajación, aunque no es incompatible con la intensidad. Desde ahí, podemos hacer el amor o tener encuentros más espirituales, en los que la sexualidad se vive como un trance. Son más sosegados a la vez que más intensos. El orgasmo deja de ser el objetivo y se abre un espacio para experimentar distintas formas de hacer el amor, diferentes identidades sexuales que habitan en cada uno de nosotros. Son encuentros donde hay intimidad, espacio para las emociones, con orgasmos más internos y expansivos, vibrando desde el corazón. Empezamos con lentitud, y esa presencia y relajación en el encuentro nos lleva a un placer más energético que nos conduce, a su vez, a la sexualidad sagrada.

La sexualidad sagrada es aquella en la que experimentamos una energía que se expande por todo el cuerpo, que permite entrar en estados alterados de conciencia. Es vivir la sexualidad como un trance.

Ahora bien, querer hacer el amor o tener trances eróticos está muy bien, pero es un proceso. Primero debemos tener resuelta la parte del placer físico. Eso no significa que debamos practicar sexo como animales. Hay mujeres anorgásmicas, mujeres que tienen orgasmos solas pero les cuesta tenerlos en pareja, hombres con falta de erección o eyaculación precoz, falta de deseo sexual, etc. Si una mujer es anorgásmica, primero tiene que aprender a tener orgasmos por sí misma, para después poder adentrarse en experiencias más energéticas. Esto es lo que trabajo en mis talleres especializados en subir la energía sexual.

52

LA SEXUALIDAD FEMENINA

La sexualidad femenina se relaciona más con el elemento agua. Recordemos que la parte más activa o dadora del cuerpo de una mujer está en sus pechos, que están fuera del cuerpo, y a través de la leche materna pueden alimentar, nutrir, a un bebé. Por ser esta zona la más activa y estar situada justamente en el pecho, la sexualidad de la mujer está conectada a su corazón. Si tiene estabilidad emocional, el corazón abierto, si está relajada, su sexo se va a abrir. Su polo negativo y por tanto, receptivo, está en la vagina y necesitará mucha relajación para poder abrirse al placer.

El placer femenino es inacabable. Las mujeres tenemos una capacidad de sentir placer infinita. Pero la realidad es que en todo el mundo hay muchísimas mujeres bloqueadas. No importa en qué ciudad hayas nacido ni la clase social de la que provengas, hay mucha insatisfacción.

Algunos de los bloqueos más habituales en las mujeres son: complejos físicos, falta de deseo sexual, anorgasmia, dolor en la penetración, frustración por no poder tener orgasmos con el punto G (aunque sí con el clítoris), dificultad para llegar al orgasmo (solas o en pareja), dificultad para llegar al orgasmo en pareja, aunque sí lleguen solas.

¡Ahondemos en esto! Está claro que si tienes un bloqueo habrá que ocuparse de ello y averiguar de qué hay que ocuparse realmente, porque no todas las herramientas sirven por igual a todas las mujeres. Algunos de los bloqueos se solucionan en un nivel físico, hay otros que necesitan un trabajo más psicoemocional. El arte está en saber ver cómo tratar cada caso.

Los complejos físicos se solucionan trabajando con las creencias. ¿Qué estoy creyendo sobre mi cuerpo para sentir rechazo hacia él, vergüenza? Cuestionar pensamientos estresantes como «mi cuerpo debería ser más delgado», «no quiero tener esta celulitis horrible en el culo», «mis tetas están caídas», «con este cuerpo no le voy a gustar». Esta es la manera en que puedes reconciliarte con tu cuerpo y estar en paz con él tal y como es.

Es muy habitual escuchar a mujeres decir que sienten vergüenza en la cama. Esto sucede porque tienen una imagen de sí mismas como si se vieran desde fuera. Por eso es tan importante cultivar la atención plena dentro de las sensaciones y vivir la sexualidad como una meditación.

La falta de deseo sexual, como vimos en al apartado anterior, puede ser consecuencia de uno o varios factores. Se ha de trabajar aquellos con los que te sientas identificada en profundidad. Queremos tener una sexualidad plena, pero no dedicamos suficiente tiempo a esta área. Dedica el tiempo necesario hasta que recuperes tu deseo, la conexión con tu cuerpo y te abras al placer.

La anorgasmia puede deberse a un desconocimiento del propio cuerpo físico. Hay muchas mujeres que no se han masturbado en la adolescencia y no han hecho la asociación «masturbación equivale a placer». Si a esto sumamos que quizá no se han encontrado con parejas que supieran tocarlas y ellas no saben guiar, alargamos el conflicto. Hay mujeres que, por no haber profundizado en su clítoris, son penetradas pero no llegan al orgasmo y así se pueden pasar toda una vida. Hay casos en los que la mujer se centra en el clítoris y en realidad su placer está más adentro, pero como con las penetraciones no se masajea bien, también se queda sin orgasmo. Otras mujeres conectan con su placer cruzando las piernas y friccionando con los muslos, pero no se llegan a tocar y después, por vergüenza, son incapaces de mostrar la forma que les gusta ante su pareja durante la relación sexual. Muchas de estas mujeres que no tienen orgasmos sienten placer pero les falta investigar más su sexo para poder llegar al orgasmo. Todos estos casos se resuelven con educación sexual, explorando, conociendo y entendiendo los genitales. Por ejemplo, puedes mirarte con un espejo, investigar cómo es tu clítoris, sentir tus dedos dentro de tu vagina y practicar, sentir.

Hay casos de mujeres anorgásmicas en donde lo que entra en juego es un componente más psicoemocional. La anorgasmia tiene su origen muchas veces en no querer soltar el control.

EL ORGASMO ES UN ACTO DE RENDICIÓN

Recuerdo el caso de Laura, una mujer que nunca había tenido un orgasmo y lo vivía como una gran frustración. Le gustaba tocarse, pero siempre paraba algún momento antes de llegar al orgasmo porque tenía la creencia de que no iba a conseguirlo nunca. Este pensamiento la ponía muy nerviosa y le producía ansiedad.

Trabajamos con su respiración. Descubrimos que en realidad tenía una enorme rabia dentro y que no llegaba al orgasmo por miedo a desatar esa rabia y perder el control. Acompañándola, mediante sesiones individuales y trabajando con su cuerpo, logré que se dejara llevar, que dejara que su cuerpo se expresara. Cuando empezó a ponerse nerviosa, la ayudé a «respirar» esa rabia y seguir adelante, a sentirla sin dejar de respirar y a atravesarla. Y finalmente pudo tener un orgasmo. Para mí fue muy bonito verla florecer y, como a ella, a tantas otras mujeres que recuerdo con mucho cariño.

Otra dificultad que podemos encontrar a la hora de conseguir el orgasmo es el dolor durante la penetración. Este dolor puede deberse a varios factores. Por ejemplo, uno de ellos es que las vaginas también se contracturan. Si tienes dolor es importante que consultes con un fisioterapeuta especializado en el suelo pélvico.

En mi experiencia, además de que pueda haber tensión en las paredes vaginales, también puede ocurrir que, iniciada la penetración sin dificultades, el dolor aparezca después, porque durante el sexo contraemos mucho la vagina. Existen ejercicios que permiten bajar el cérvix, relajar las paredes vaginales y hacer que el dolor desaparezca. Estos ejercicios los enseño siempre y cuando un especialista haya descartado previamente problemas en el suelo pélvico o la vagina.

En los casos en los que existe dificultad para llegar al orgasmo, tanto en pareja como a solas, necesitamos yinguinizar el cuerpo. El mensaje para este problema es: «relaja tu cuerpo, relaja tu cuerpo, relaja tu cuerpo...» repetido mil veces. Estás tensa y tu cuerpo tiene que estar relajado para recibir placer.

Si la dificultad se presenta en las relaciones en pareja y no a solas, las preguntas que debes hacerte son: ¿Estás relajada delante de tu pareja? ¿Sientes vergüenza? ¿Se expresa tu cuerpo con facilidad estando en la cama? ¿Te mueves? ¿Sacas la voz? ¿Confías en tu pareja? ¿Estás pendiente de ti o intentas complacer al otro? Truco: mastúrbate delante de él.

Si tienes dificultad para encontrar el orgasmo con el punto G, tranquila, el noventa y tres por ciento de las mujeres son clitorianas. Las raras son las otras.

No puedo dejar de desarrollar esta cuestión. Las mujeres tenemos orgasmos a nivel físico a través del clítoris, el punto G y el cérvix. Y luego están los orgasmos energéticos que comentaremos más adelante.

El clítoris y el punto G siempre han generado mucha discordia. Hay personas que dicen que son lo mismo y otras que no. La teoría más extendida, y a la que me sumo, es que son lo mismo. Esto se explica en la propia anatomía del genital femenino. En realidad, aunque llamamos clítoris solo a la parte que nos tocamos desde fuera, si observamos cómo es (puedes buscar una imagen en Internet) veremos que por dentro continúa y es bastante grande. Y el punto G, que en realidad es una zona, sería lo que hay dentro, entrando por la vagina y colocando los dedos en forma de gancho y tocando la pared interior. Es como si tocaras el clítoris por dentro. Cuando lo tocamos por fuera lo llamamos clítoris y cuando lo tocamos por dentro lo llamamos punto G. La mayoría de las mujeres consiguen el orgasmo tocándose por fuera. Eso no significa que no puedas explorar la parte interna, porque sí se siente diferente. No tiene sentido sobrevalorar a uno respecto del otro. Es verdad que el clítoris genera un orgasmo más eléctrico, más de descarga, más masculino, y estamos demasiado acostumbradas a buscar ese placer inmediato. Desde ahí es difícil tener una sexualidad más relajada y expansiva.

El punto G sigue siendo el gran desconocido para la mayoría de las mujeres. Muchas dicen no sentir nada ahí dentro pero sí se puede despertar a través de respiraciones y el tacto consciente. El punto G va a requerir un ritmo más sosegado y más emocional. De hecho, hay mujeres que cuando les tocan el punto G explosionan en llanto. El peligro del punto G es ser tocado de manera brusca, cuando en realidad la zona G necesita ser despertada paulatinamente y sin violencia.

Hay muchas mujeres que, cuando empiecen a despertar el punto G, notarán enormes ganas de hacer pis, pero no es pis. Es eyaculación femenina, que también existe y que es algo que todas las mujeres pueden experimentar. Como sale por el mismo conducto de la uretra, puede confundirse, pero es un líquido transparente y prácticamente inodoro. Los tántricos le llamaban *amrita*, que en sánscrito significa «el néctar de la diosa». Para provocar una eyaculación femenina debemos tocar la zona G (aunque hay muchas mujeres que lo logran a través del clítoris) y relajar la vagina haciendo el mismo acto reflejo como si fueras a miccionar.

La eyaculación no siempre está asociada al orgasmo. Puedes eyacular sin tener un orgasmo y al revés. Lo que sí está claro es que tenemos que aprender a soltar la vergüenza en el momento que sentimos placer porque realmente parece que te vas a hacer pis.

El orgasmo cervical, el asociado al cérvix, es el más intenso, profundo y el más difícil de conseguir a nivel físico. Pocas mujeres lo han experimentado y hay que tener mucho arte para tocar ese punto, ya sea con el pene, con los dedos o vibradores, porque nos ponemos muy ansiosas y ese punto requiere muchísima delicadeza.

Te recomiendo que todos estos puntos de placer los experimentes primero contigo misma y que se los muestres después a tu pareja.

Una vez estemos en paz con nuestra parte física y no sintamos ningún bloqueo, estaremos preparadas para vivir una sexualidad más relajada, expansiva y energética. Aquí entra el tantra. El cuerpo se llena de estados emocionales, energía, vibración, conexión con el corazón. La sexualidad es mucho más profunda y energética, llevándote a ese tercer nivel que pocas personas experimentan pero que existe: el nivel de los trances eróticos. Esto es lo que me pasó a mí de forma espontánea. La verdad es que nunca tuve ninguno de los bloqueos que acabamos de repasar, así que mi cuerpo se despertó enseguida a las experiencias extáticas. Fueron un regalo de la vida y me llevaron a investigar cómo acceder a esos espacios por mí misma. De ahí surgió la idea de crear mis talleres de tantra, basados en mi propia experiencia. A esto me dedico actualmente y es lo que comparto. Creé un modelo de trabajo pionero a través del cual llevar a las personas a estos espacios. Durante los primeros años me encontré con gente muy bloqueada, por eso fui diseñando otro tipo de talleres de educación sexual para que, cuando las personas quisieran entrar en estados alterados de conciencia a través de la energía sexual, pudieran hacerlo. Desde entonces he acompañado a muchísimas personas en este proceso.

Hay algo que quiero compartir, de mujer a mujer: Querida, el placer te pertenece. El paraíso es para todas, sin excepción.

Te voy a presentar un caso complejo. Una chica vino a la consulta con vulvodinia. Había probado de todo y se sentía fatal con su sexualidad. Además, se acababa de separar. Estaba desesperada.

La vulvodinia es un dolor muy agudo en forma de picazón y ardor que rodea la vulva y, en algunas mujeres, la entrada de la vagina. Duele mucho y, obviamente, en esas circunstancias la penetración es imposible. Este dolor es físico y es real. Hay muchas teorías que dicen que tiene un origen neurológico.

Ella vino con este y muchos otros temas y empezamos a trabajar.

Le pedí que mientras trabajara conmigo acudiera a un especialista en el suelo pélvico para tratar de relajar la musculatura de la zona. Conmigo trataría la parte psicoemocional.

Cuando tenemos un dolor físico no estamos solo lidiando con el dolor físico en cuestión, sino con todo aquello que nosotros asociamos a ese dolor.

Hay muchas teorías *New Age* que dicen que el dolor nos lo creamos nosotros y que las causas por las cuales me pasa lo que me pasa son psicológicas. Cuidado con esto. No siempre es así. Además, razonamientos de este tipo pueden generar culpa en muchas personas. El trabajo que se propone a continuación es muy distinto: se trata de observar qué estoy creyendo cuando noto el dolor, y a partir de ahí, investigar los pensamientos asociados.

—Cierra los ojos y colócate en una situación en donde sientas ese dolor. Cuando estés ahí, avísame.

—Estoy.

—OK. Nota qué tipo de pensamientos aparecen en ese momento, cuando sientes ese dolor.

—Este dolor no me deja vivir tranquila.

—«Este dolor no me deja vivir tranquila», ¿es verdad?

—Sí.

—«Este dolor no me deja vivir tranquila.» ¿Puedes saber con absoluta certeza que esto es verdad?

—Sí.

—¿Y qué pasa, cómo reaccionas, cómo te sientes cuando aparece el pensamiento «este dolor no me deja vivir tranquila»?

—Agotadísima. Además, estoy enfadada porque no quiero sentirlo más. Estoy muy agobiada. Siento tensión.

—¿Dónde?

—En el suelo pélvico. Noto quemazón.

—¿Qué más? Hay más cosas.

—Nunca me voy a curar. No voy a poder llevar una vida normal. No voy a poder ser normal, como antes.

—Así que te imaginas un futuro igual al de ahora y recuerdas la que fuiste, te comparas. Y cuando tienes esas imágenes del futuro, ¿cómo te tratas a ti misma cuando crees que este dolor no te va a dejar vivir tranquila?

—Me culpo por lo que me han dicho los médicos, ellos tampoco saben, dicen que esto es del sistema nervioso, del periférico, del central. ¡Yo que sé! Me explican esos rollos y yo me como la cabeza. A veces pienso que me lo provoco yo misma, pero es que tengo este dolor.

—Así que te culpas, crees que tú eres la causa de ese dolor.

—Sí, sí, creo que yo soy la causante de este dolor.

—Y mira cómo se vive la vida creyendo que tú eres la causa de ese dolor.

—Es agobiante, muy agobiante. Quiero dejar de sentirlo, pero no sé cómo hacerlo, porque es físico, me duele mucho. Me estreso muchísimo, me agobio muchísimo.

—¿Cómo tratas al dolor? Aquiétate y míralo, míralo con calma.

—¡Lo rechazo, lo rechazo, lo rechazo! Lo odio todo el tiempo, lo tengo muy presente en mi día a día y lo rechazo.

—Sí, y nota cómo se vive la vida diciendo que no a lo que ya está pasando.

—Mal, porque quiero dejar de sentir un dolor que llevo conmigo.

—Y en esa situación, ¿qué es lo que no puedes ver, sentir o hacer cuando crees que ese dolor no te deja vivir tranquila?

—No puedo disfrutar, no puedo estar ahí, me pierdo el hacer muchas cosas. No puedo estar conmigo. Estoy solo centrada en el dolor y dejo de hacer muchas cosas.

—En esa misma situación quiero que continúes aquietándote. Notas ese dolor, eso está ahí, pero ¿quién serías sin el pensamiento de que «el dolor no me deja vivir tranquila»?

»Notas el dolor, pero en esos dos segundos no sabes porque no aparece el pensamiento de que el dolor no te deja vivir tranquila. Imagínatelo. Si no apareciera el pensamiento...

—Vale. ¡Uf! ¡Fuera tensión!

—Sí, ¿y qué cambia?

—No hay más tensión.

—Fíjate cómo te relacionarías con ese dolor sin la historia de que no te deja vivir tranquila.

—Me duele, a lo mejor he hecho un mal gesto, voy a ir al médico.

—Exacto. Porque no es tu asunto tu dolor.

—¿Cómo que no?

—No, y tampoco puedes controlarlo, ¿verdad? Y tampoco eres la causa.

—Ellos dicen que sí.

—Y tú te lo crees.

—Ya.

—Si tú estás nerviosa y eso causa un dolor físico, estás nerviosa porque crees algo, porque tienes pensamientos. Cuando tienes pensamientos, ¿te los crees a conciencia o te los crees sin querer?

—Sin querer.

—Así que si te los crees sin querer, ¿puedes hacer algo cuando te crees pensamientos sin querer?

—No, es que no puedo controlarlo.

—¿Entiendes? Tú no eres la causa de ese dolor, porque para ser la causa tendrías que hacer algo. Y tú no haces nada. Así que tú no eres la causa de tu dolor, porque tú no controlas tus pensamientos. Te crees tus pensamientos, pero «tú» no haces eso, sucede, tú solo estás experimentando el dolor de creerte tus pensamientos. Así que no es tu asunto creerte tus pensamientos, tú no lo haces, es inconsciente, así que tú no puedes ser la causa de tu dolor.

»El médico dice que tu vulva te duele a causa de tu sistema nervioso, pero tú eres inocente, porque tú no eliges creerte tus pensamientos, tú no eliges ponerte nerviosa.

»Tú puedes, a partir de ahora, cuestionar tus pensamientos para tener un sistema nervioso más relajado, pero tú no eres culpable porque no puedes controlar tus pensamientos. Eres inocente.

»Así que quiero que vuelvas a esa situación y que vuelvas a sentir tu dolor. Y es verdad que tú sientes dolor, pero ¿quién serías sin la historia de que el dolor no te deja vivir tranquila? Aunque sean dos segundos, ¿quién serías sin la historia?

—Lo gestiono. Lo tengo, lo gestionaría.

—¿Lo puedes soportar?

—Sí.

—Está bien saber eso. Sin la historia, ¿cómo estás y cómo te relacionas con el dolor?

—Estoy más tranquila. El dolor deja de ser mi enemigo.

—Claro, así que puedes estar abierta a él, a ver qué te quiere decir.

»Sin la historia nota como no hay enemigo, el dolor está ahí y puedes dejar que forme parte de tu vida. Sin que sea un enemigo. Así que vamos a realizar la primera inversión de «el dolor no me deja vivir tranquila». Como el dolor es un concepto, vamos a reemplazarlo por «mis pensamientos».

—Mis pensamientos no me dejan vivir tranquila.

—Fíjate, en realidad lo que está pasando es que «mis pensamientos no me dejan vivir tranquila». Cuéntame esto.

—Mis pensamientos no me dejan vivir tranquila porque me los creo.

—¿Qué más? ¿Cómo es verdad que no es el dolor lo que no te deja vivir tranquila sino tus pensamientos?

—Porque yo estoy que me duele, que me duele, que me duele y no lo puedo parar.

—Son tus pensamientos, no tiene nada que ver con el dolor, el dolor está ahí, y tú lo recuerdas, lo recuerdas, lo recuerdas, piensas que siempre estarás así. Y esos son pensamientos, y eso es lo que duele. Te crees que eres culpable, crees que siempre lo tendrás, recuerdas el dolor, comparas si tienes más, si tienes menos. Todo eso son tus pensamientos.

—Eso es lo que hago, para saber si voy mejor, si tengo el mismo grado que hace dos meses o si hoy estoy mucho peor.

—Y eso es lo que duele, porque tú estás recordando un dolor. No te estás relacionando con lo que pasa aquí, no puedes conectar con lo que pasa aquí, lo que pasa es que todo esto va muy rápido, pero si ralentizas mucho podrás ver que tu mente compara, viaja, recuerda el dolor, incluso el que tenías hace dos segundos y estas...

—Retroalimentando el sufrimiento.

—Exacto.

—Sí, lo sé. Ahora lo veo.

—¿Lo ves? Así que son tus pensamientos los que no te dejan vivir tranquila, ¿cierto? Vamos con la segunda inversión.

—Yo no dejo vivir tranquilo al dolor.

—Medita ahí. Yo soy la que no dejo vivir tranquilo al dolor.

—Es que estoy pendiente todo el rato.

—Y no dejas que el dolor esté ahí y que haga su función. Existe, y no le dejo existir.

—Claro, porque cuando quiere existir le digo: no, no, no.

—Así que fíjate cómo es verdad que soy yo la que no dejo vivir tranquilo al dolor. O sea, ¡fíjate incluso que es más verdad! Como le dices no y no y no, «soy yo la que no le dejo vivir tranquilo».

»Ahora la tercera inversión. ¿Cuál es el contrario?

—El dolor sí que me deja vivir tranquila.

—Vuelve a la situación y sin la historia de que «el dolor no me deja vivir tranquila», en ese momento, cómo es verdad esto, ralentízalo más, más, más.

—Puedo correr, puedo saltar, puedo hacer cosas, aunque tenga el dolor, puedo hacer cosas, más limitada pero puedo.

—Exacto. Y cuando tú tienes la historia no puedes apreciar que puedes, pero la verdad es que sí que puedes vivir tranquila, tienes un montón de posibilidades por delante que con la historia no puedes ver. Y fíjate cómo estás en esa situación y haces el trabajo contigo misma, mira cómo haces lo que haces y nota cómo el dolor te deja vivir tranquila. Nota cómo todo lo que vives alrededor te está apoyando para que vivas tranquila, ese lugar en el que realizas la rehabilitación, con esas personas alrededor, todo es un apoyo para ti. Nota cómo la vida te apoya. Se llama gratitud, sin la historia. Sin la historia todo es un regalo, te hace sentir su apoyo.

—Y cuidarme a mí misma.

—Y mira cómo es ahora. Te estás apoyando para vivir más tranquila.

—Sí. Lo noto un montón.

—¡Y nota eso!

—Ese es mi regalo.

—El dolor sí te deja vivir tranquila, porque gracias al dolor, estás aquí, ahora, conmigo, haciendo una pausa de una hora en tu semana para estar más tranquila, dedicando tiempo a tu paz, porque si no, no lo harías.

—Es cierto. Por eso estoy aquí, ahora, por el dolor.

—Gracias al dolor, el dolor te deja vivir tranquila, te da este espacio para que puedas vivir más tranquila. Incluso venir aquí. Eso lo hace el dolor.

—Sí, sí.

—Siéntelo, no lo pases por la cabeza, siéntelo. Sin la historia puedes escuchar lo que el dolor te viene a regalar. No se trata de que estés feliz de que esté ahí, pero sin la historia puedes escuchar y recibir lo que te viene a dar, porque todo te está apoyando.

—Es que lo acabo de ver por primera vez después de muchos años, Elma.

—Claro, el dolor te deja vivir tranquila y en el momento en que puedes apreciar eso, puedes empezar a sanar, porque dejas de rechazar el dolor y puedes escuchar lo que te viene a dar, y esa es la sanación, no que el dolor se vaya, sino que puedas aceptarlo y quererlo porque existe. Y ahí es donde sanamos.

—Nunca me había parado a pensar en esto. Llevo tanto tiempo conviviendo con este dolor. ¡Qué fuerte es esto! ¡Como si no fuera posible! Llevo tanto tiempo cargando esto.

—Solo llevas muchos años creyéndote la historia, creyéndote tus pensamientos. Tienes que verte sin la historia, la paz es algo fácil y natural. Así que el dolor no es el problema, sino los pensamientos que tenemos sobre el dolor. Tu dolor no es tu asunto, tu asunto es ocuparte de cuestionar tus pensamientos para volver a tu paz. Y buscar buenos médicos que se ocupen de eso, son sus asuntos, no los tuyos. Pero cuando estás con la historia, tú no puedes conectar con qué médico sí, qué médico no, porque estás tan en la cabeza que tu intuición está bloqueada. Pero sin la historia, puedes buscar información, pedir ayuda, llamar a este médico, hablar con aquel, sentir cuándo es «sí» y cuándo es «no». Y buscar el mejor para ti.

—Eso es lo que no había visto hasta ahora.

—Exacto. Y ahora, con esta paz, ponte en manos de los mejores médicos.

53

LA SEXUALIDAD MASCULINA

La sexualidad masculina se relaciona más con el elemento fuego. El cuerpo del hombre funciona en forma opuesta al cuerpo de la mujer. Su pene es su zona más Yang, es su polo positivo, el más activo. Y es que su sexo está fuera del cuerpo y a través de su semen da vida, y no hay nada más Yang que eso.

El hombre, para estar «polarizado», tiene que estar conectado con su fuego, si no lo está debe trabajar en ello.

El camino del hombre pasa por conectar su fuego con su corazón. A nivel relacional y a nivel sexual. A nivel relacional, porque primero conectan con su deseo sexual, les atrae una mujer de entrada y solo progresivamente pueden ir conectando ese deseo al corazón. Sin este trabajo de conexión, las relaciones son más superficiales, hay miedo al compromiso o la intimidad.

Evidentemente esto es una generalización. Dependerá del grado de Yin que tenga el hombre. Cuanto más Yin tenga, más facilidad tendrá para conectar con sus emociones y por tanto, más sensibilidad.

A nivel sexual el recorrido es el mismo. Si el hombre está polarizado, tendrá despierto su deseo sexual y su trabajo en la cama será el de no desparramar su fuego. Aprender a sostenerlo mientras su compañera se despierta, seguir ahí.

En el caso de los hombres también existen varias disfunciones. Por ejemplo, la falta de erección. Se puede deber a un problema fisiológico (hay que acudir a especialistas para abordar esta problemática), pero más a menudo es producto de una gran despolarización. Sucede que en algún momento el hombre pierde la conciencia del genital y se retira de ahí la energía. La solución es polarizar al hombre, pues lo natural en un hombre es que haya erección.

No olvidemos que la mayor potencia en el hombre tiene lugar a los veinte años, y que a medida que pasa el tiempo va disminuyendo. Si además el hombre ha alimentado su sexualidad con la mente, con imágenes (muchas veces consecuencia del porno), es posible que se haya desconectado tanto del cuerpo físico que su pene ya no reaccione.

También es muy habitual en hombres que han tenido relaciones largas y se han acostumbrado a una manera de sexualidad. Cuando se separan o enviudan y se abren a conocer nuevas mujeres, reparan en que su cuerpo no responde.

En general, los hombres con más energía Yin tienen una tendencia más marcada a encontrarse en esta situación. Necesitarán confianza y un ambiente relajado para poder excitarse y tener erecciones.

Sea por la razón que sea, cuando un hombre llega a la consulta por este problema, el trabajo es que vuelva a poner la conciencia en el cuerpo. Le enseño a masturbarse excitándose con sensaciones, no con imágenes. Donde va la conciencia va la energía, así que si vuelves a poner la conciencia en el cuerpo, la energía vuelve ahí. Recuerda: Shakti siempre sigue a Shiva. Aquí no hablamos de hombre o de mujer, sino de energía femenina y masculina. Si Shiva no está, es porque hemos retirado la conciencia genital, entonces Shakti va por su cuenta y no hace caso, pero si vuelves a poner la conciencia en el cuerpo, especialmente en los genitales, en el caso del hombre, la energía irá hacia allí.

En estos casos también se puede trabajar con un buen plan de actividad física, con la intención de aumentar la testosterona en el caso de que exista una alteración hormonal.

La falta de deseo sexual en los hombres es más habitual hoy en día, así que ¡pilas!

Otra disfunción sexual muy común es la eyaculación precoz.

¿Hasta qué punto podríamos decir que una eyaculación es precoz? Dejando a un lado mediciones y estadísticas, correrse rápido ha sido siempre una gran preocupación para los hombres. Muchos de ellos, aun no teniendo lo que consideraríamos eyaculación precoz, lo pasan muy mal por este tema. Así que vamos a poner el foco en aquellos hombres que se preocupan por eyacular demasiado rápido.

Lo que puede hacerse en estos casos es cuestionar el concepto de eyacular «demasiado rápido». Independientemente de cuál sea la media aceptada, si no estoy en paz conmigo, la media puede decir lo que quiera que no me servirá de nada. El componente psicológico nos afecta en dos sentidos: por un lado, en la aceptación, por otro, en el trabajo que requiere dejar de ver imágenes justo antes de eyacular. Muchos hombres no tienen conciencia de esto, pero unos segundos antes siempre hay imágenes. Pueden ser sexuales o no. El solo pensamiento de que «me voy a correr» significa que ya estás viendo una imagen referida a eyacular. ¡Y eso te condiciona!

Esto tiene solución. Hay todo un trabajo que hacer con la respiración, que nos permitirá de forma práctica retrasar las eyaculaciones.

La sexualidad masculina es todo un reto hoy en día. Las mujeres están empoderándose y los hombres se debaten entre lo de siempre y un nuevo paradigma que está saliendo a la luz.

Te comparto un caso típico.

—¿En qué te puedo ayudar?

—Me corro muy rápido.

—OK. Dame una situación específica donde te ocurra esto.

—Ufff, ¡tantas!

—Una.

—Estoy en mi habitación, encima de la chica, estoy penetrándola. Me voy a correr.

—OK. Te vas a correr, ¿es verdad?

—Sí.

—¿Puedes saber con absoluta certeza que esto es verdad?

—Sí, segurísimo.

—¿Qué pasa, cómo te sientes, cómo reaccionas cuando aparece este pensamiento?

—Me tenso. Lo paso fatal. Si pudiera, saldría corriendo de ahí.

—¿Dónde viaja tu mente?

—A todas las veces en que me ha pasado. ¡Llevo toda la vida así! Siempre ha sido así.

—¿Y qué imágenes ves sobre el futuro?

—Que volverá a pasar. Lo veo clarísimo. Volverá a pasar, estoy seguro, y noto la tensión en mis genitales y noto esa sensación de que está a punto de llegar.

—OK. Ahora quiero que te centres solo en esa sensación de que está a punto de llegar: ¿quién serías sin el pensamiento de que te vas a correr?

—Noto mucha energía.

—Mmmm... Suena bien, ¿te gusta? Sin la historia.

—¡Sí! ¡Es muy intenso!

—¿Te has corrido ahí?

—No.

—Jaque mate.

—¡Qué fuerte!

—¿Qué has visto?

—Que aún no me he corrido, que me estaba adelantando.

—Exacto, y eso sería la inversión opuesta. «No me voy a correr» y no me voy a correr porque aún no me he corrido. Fíjate que no tienes ninguna prueba. Para correrte necesitas imaginar, necesitas ir al pasado y al futuro, pero en ese preciso momento, nada de todo eso está ocurriendo. Solo estás sintiendo un montón de energía y pasándotelo genial.

»Y con esta conciencia, puedes ir creando una memoria en el cuerpo hasta que te dejes de sentir alerta en ese momento. A partir de ahora puedes practicar técnicas de respiración que te ayudarán a alargar tus eyaculaciones.

EL CAMINO TÁNTRICO
EN LA SEXUALIDAD

Nuestra vida sexual tiene que madurar. Al igual que como personas transitamos distintas etapas y pasamos por la infancia, la adolescencia, la juventud, la adultez y la vejez, en nuestra sexualidad encontramos la misma correspondencia. Lamentablemente, en lo que respecta a nuestra vida sexual, nos hemos quedado casi todos en la adolescencia. Vivimos una sexualidad de descarga, enfocada en el orgasmo y prácticamente centrada en lo genital.

En la sexualidad tal y como se vivía dentro del modelo patriarcal, el hombre buscaba su propio placer de manera egoísta, olvidando las necesidades de la mujer, y la mujer olvidaba las suyas, sin hacer oír su voz, sin tener conocimiento de su propio placer y sin pedirlo en el intercambio sexual.

Con los años esto ha ido variando un poco, aunque aún recibo en mi consulta personas que siguen el viejo paradigma. Hoy los hombres están más atentos al placer de la mujer. Hasta diría que demasiado (de ahí que muchos pierdan la conexión con su propio cuerpo) y cuando ellas se encienden, ellos eyaculan y se acabó la fiesta. Está claro que existe un avance con respecto al modelo anterior, pero sigue siendo limitado. Hay aún mucho más por explorar. Cuando la mujer se enciende, podemos alargar el placer de ambos. Por eso es tan importante que el hombre pueda sostener su fuego, lo que nos permitirá entrar en esos estados más energéticos y más místicos que están esperando ser descubiertos.

Cuando conocemos a alguien, es normal que nuestra sexualidad sea más superficial, genital y animal. No pasa nada si nos dejamos llevar por la energía de la pasión y el desenfreno. Es que nos acabamos de conocer. Es «el» momento para vivir esos encuentros tan intensos. ¡Nuestras hormonas están haciendo de las suyas! Eso no significa que este tipo de encuentros no estén llenos de momentos mágicos y amorosos, ¡claro que sí! Es una etapa para vivir la pasión con un ritmo frenético a nivel sexual.

Pero cuando el enamoramiento desaparece, nuestra actividad sexual cambia, sobre todo en las mujeres, y se estanca la sexualidad. Este cambio tiene una explicación. Durante el enamoramiento, el nivel de testosterona baja en los hombres (recordemos que esta hormona regula el deseo sexual, es una hormona muy Yang que en grandes cantidades alienta una actitud egoísta porque quiere tener lo que desea ya). Al bajar, los hombres se vuelven más romanticones y sensibles. En las mujeres enamoradas, en cambio, el nivel de testosterona sube. En esta fase de enamoramiento, la combinación de hombres que suelen tener la testosterona alta con mujeres a las que esta hormona les sube, produce un ritmo sexual alto.

Hasta aquí todo bien. Pasado el enamoramiento, todo vuelve a su cauce: los hombres a su nivel habitual de testosterona y las mujeres también. A ellas esta hormona les baja, y eso las vuelve más agua, que es su naturaleza. En este momento aparecen los «ya no es como antes», pero lo que no era normal era lo de antes, en donde estábamos totalmente afectados por nuestras hormonas. Cuando nos damos cuenta de que el otro no es perfecto y atravesamos la etapa del enamoramiento es cuando empieza el amor. La relación cambia, pero el problema es que la sexualidad no evoluciona. Seguimos como siempre, pero nada es igual. Este es el primer revés.

El segundo, la maternidad. Otro gran cambio hormonal. La mujer está totalmente ligada en cuerpo y alma a su bebé y el hombre juega un papel fundamental de sostén, que tiene que mostrar apoyo y paciencia hasta que su mujer, paulatinamente, pueda ir despegándose del bebé y otorgándole la independencia en el grado que corresponda a cada edad.

El problema está en que en estas dos fases no evolucionamos, no nos reinventamos como pareja. En la primera etapa postenamoramiento, seguimos esperando tener la misma frecuencia sexual que antes sin entrar en una amorosidad y lentitud que acompañe la necesidad de despertar el cuerpo de la mujer. En cuanto a la maternidad, pasada la etapa más intensa con los niños, deberíamos dedicarnos al menos una vez a la semana un pequeño espacio. Es algo imprescindible, que no se hace. De ahí que los encuentros vayan cada vez a menos, hasta incluso desaparecer.

Si no nos adaptamos sexualmente a los cambios de los ciclos vitales, ¿cómo pretendemos tener una sexualidad completa? Es imposible.

Recibo parejas que llegan en un estado de completa desconexión. En realidad, su trabajo no es incluir más sexualidad en su vida, sino redescubrirse como personas. Aquella que conocieron tantos años atrás ya no es la misma. Hay que conocerse de nuevo.

En la medida en que respetamos nuestros ciclos vitales y permitimos que nuestra sexualidad evolucione, estamos listos para vivir una sexualidad tántrica. Una sexualidad con sentido, que no dependa solo del genital. Que no se centre en la búsqueda del orgasmo. Que te haga vibrar. Una sexualidad más energética y más expansiva, para llegar al final de nuestros días llenos de vitalidad.

54

MITOS EN EL TANTRA QUE HAY QUE DERRIBAR

Hay un mito sobre el sexo tántrico según el cual uno está horas y horas haciendo el amor. Y no te digo que no. Pero la sexualidad tántrica no es solo esto. El tantra te ofrece la posibilidad de alargar tus encuentros y de expandir tu energía sexual y por tanto, eso puede llevar más tiempo que un encuentro convencional centrado en la descarga y en los orgasmos físicos. Pero seamos francos, mucho tiempo hoy en día no tenemos.

De lo que en verdad se trata es de que tengamos encuentros de calidad: más presencia, más entrega, más verdad y, sobre todo, de tener opciones. Si solo tienes media hora, que puedas estar al cien por cien y que aprendas a escuchar dónde quiere ir la energía. A veces será hacia una sexualidad más amorosa, a veces hacia un lugar lleno de caricias, a veces habrá orgasmos, a veces no... Encuentros cortos, adaptados a nuestros tiempos, que nos permitan conectarnos y disfrutarnos. A veces encuentros más largos. ¡Y saber estar ahí! No solo saber estar ahí, ¡sino saber expandir nuestra energía sexual! Que sepas llegar a esos espacios mágicos, sin nombre. Porque los hay. Porque existen.

Se trata de tener opciones sin juzgar qué es mejor o peor. Poder follar, poder tener sexo, poder hacer el amor, poder tener trances eróticos, y poder ver a dios en el sexo. La idea es tener a disposición todo este abanico de experiencias y disfrutarlas sin caer en categorizaciones de lo que está bien y de lo que está mal.

Está claro que en la sexualidad tántrica los encuentros no se reducen al sexo animal que todavía practican muchas personas y que no tienen en cuenta la naturaleza de la sexualidad femenina, pero tampoco es necesario estar ocho horas acariciándose lentamente, que todo sea tan místico, que la cosa quede solo en caricias suaves y tiernas. Porque eso al final conduce al aburrimiento.

La propuesta del tantra, al menos como yo lo entiendo, practico y comparto, es encontrar un punto medio donde puedas unir las energías masculina y femenina, donde sepas acariciar y también ser intenso, incluso impulsivo y animal, ¡sí!, pero no solo eso. Se trata de saber jugar con la ternura, pero también con la pasión. La energía del sexo es fogosa, es intensa, es impulsiva, es animal, es instintiva, es personal y bidireccional. La energía del corazón es amorosa, tierna, relajada, tiene belleza, es delicada, sensible, circular y sensual. Lo que hace el tantra es unir el sexo con el corazón, combinar estas dos energías. Eso es el tantra, un lugar que no rechaza nada y todo lo integra.

55

MEDITAR EN LA CAMA

Así como en la primera parte del libro vimos que para salir del sufrimiento había que meditar en el dolor, con el placer la propuesta es la misma.

Y esto es lo más difícil para los seres humanos en términos de evolución: estar presentes en el dolor y en el placer. Frente al dolor, escapamos y, paradójicamente, se crea el sufrimiento. Cuando aprendemos a meditar en el dolor, este desaparece. Ya vimos cómo hacerlo.

El placer también representa un gran reto. Están los que delante del placer se ponen ansiosos y lo consumen, y están los que lo cortan y no se permiten llegar hasta él en su máxima expresión. Estar presente en el placer es difícil. Se trata de poner total y plena atención en las sensaciones. ¡Pero es que las sensaciones son muy intensas! Y además sientes el deseo, que siempre te tira hacia delante. Mmmm. ¡Qué lugar más interesante!

Como supongo que imaginarás, no se trata de ponerte en la posición del loto en la cama. Como decía, meditar significa poner total y plena atención en el aquí y ahora.

Si siento mi fuego, la energía sexual, la kundalini, pero me centro en llegar al orgasmo, mi atención no estará aquí, estará en el futuro, aunque sea un futuro de apenas unos segundos después al momento en que estoy ahora. Se trata, pues, de poner total atención en el deseo que siento y respirarlo. O sea, respirar la ansiedad o ese fuego, llámalo como quieras. Eso es meditar.

56

LA INTIMIDAD

Lo que mueve una relación de pareja no es la sexualidad sino la intimidad. Si hay intimidad, la sexualidad será una consecuencia. Dejemos de obsesionarnos con la sexualidad como algo puramente genital y centrémonos en regalarnos espacios de calidad, en mirarnos, abrazarnos, tocarnos, acariciarnos y, sobre todo, tener una intimidad sagrada entre tú y yo. Un nosotros especial, muy tuyo y muy mío.

A menudo nos organizamos la vida de tal manera que no dejamos espacio para la pareja, para la intimidad de la pareja. Porque ir a cenar y estar hablando todo el rato no es el encuentro al que me estoy refiriendo precisamente.

La intimidad tiene más que ver con la calidad que con la cantidad.

Hay quien se pone objetivos como hacer el amor al menos una vez por semana o cada diez días. O que se asusta porque tiene sexo «tan solo» cada quince días. Pero, como venimos diciendo, la clave no es la cantidad sino la calidad. Que haya conciencia y presencia.

Hacer el amor cada día sin verdadero amor es como no hacerlo. No suma, no te acerca al éxtasis (y esto vale tanto para relaciones ocasionales como para relaciones largas). Se puede convertir en algo puramente mecánico. Y por tanto, insatisfactorio, al menos para las personas que vivimos (o intentamos vivir) con conciencia y queremos algo más que un desahogo físico. En una relación en donde falta intimidad, hacerlo una vez a la semana puede ser insatisfactorio, en una relación profunda y con intimidad, una vez al mes puede ser suficiente. Si no hay intimidad, la cantidad o la frecuencia no significa nada.

Si pasan los meses y no se encuentra ningún momento para la pareja, es posible que haya un problema.

Dale una oportunidad al tantra y mira qué sucede, te aseguro que habrá un antes y un después.

57

ENCUENTROS CON ALMA

Mi recomendación es que la relación sea cada vez más y más energética, y menos física. Que haya fuego, pero que el fuego aparezca como resultado de un trabajo energético previo. Podéis poneros uno frente al otro y respirar de forma circular durante al menos veinte minutos antes de tocaros. La respiración en círculo consiste en respiraciones conectadas en las que se enlaza la inhalación con la exhalación, sin pausas, evitando hacer apneas. De esta manera limpiáis vuestras historias del día y os sincronizáis, permitiendo que la energía circule entre vosotros. También podéis abrazaros con la misma respiración durante unos minutos. ¡Es tan sensual e íntimo a la vez!

Eso da mucho juego. Podéis quedaros en el abrazo, o podéis permitir que dentro de este se cree un pequeño movimiento de cadera, balanceándoos uno con el otro, respirando lentamente en el oído del otro, iros tocando, acariciando, apretando, quitaros lentamente la ropa, rozaros, juguetear, seguir respirando en círculo, abrazaros, besaros... ¡Oh, cómo me gusta todo esto! Sin dejar de respirar, la excitación se va expandiendo, recorre todo el cuerpo, y el orgasmo ya no es un objetivo. El hombre manteniéndose firme, ofreciendo presencia, y la mujer moviéndose con sensualidad. Toda una delicia de encuentro.

58

¡FALTA LIDERAZGO!

Faltan hombres presentes, que sepan despertar el cuerpo de su pareja y sostener su propio fuego. Faltan mujeres relajadas, que estén conectadas a su cuerpo erótico, falta liderazgo. Cada uno es responsable de su parte.

Falta liderazgo personal y liderazgo compartido. Si eres un hombre, liderazgo contigo mismo es traerte de vuelta cada vez que te vas. No dejarte llevar por las imágenes. Saber respirar tu fuego y no caer en la rápida eyaculación. Verla a ella gozarlo y respirarte tu ansia. Y también liderazgo hacia ella, que consiste en saber despertar su placer sin bloquearle el cuerpo, erotizarla, encenderla sin correr demasiado. Hacerla sentir una diosa que, a fin de cuentas, es lo que es.

Si eres una mujer, liderazgo contigo misma es traerte de vuelta cuando te vas. Habitar tu cuerpo, estar relajada, respirarte tus emociones y hacerte responsable de ellas, despertar por ti misma tu cuerpo erótico, ir más allá de tus complejos y vergüenza y, sobre todo, estar receptiva. Liderazgo en la cama con él significa saber reconducir esos momentos en los que él se acelera. Saber detenerse, jugar, alargar para no caer en lo de siempre. Crear ambientes para que el encuentro sea algo mágico. Guíalo hacia la intimidad, poco a poco, sin invadirle el corazón, respetando sus ritmos. Eso también es liderazgo.

HÁBITOS

Algunos hábitos favorecen la intimidad y otros la dificultan. Lógicamente, si quieres tener una buena relación, tienes que potenciar los primeros.

¿Cuándo? En esos encuentros semanales que hay que agendar. Sí, agendar, aunque suene un poco extraño, porque terminamos anteponiendo un sinfín de actividades y nos quedamos sin tiempo para encontrarnos.

Apostemos por dejar de hablar y hacer todas esas cosas que nos conectan con el sentir.

Dormir desnudos, por ejemplo, es importante. Estar piel con piel. Muchas personas tienen el hábito de ponerse el pijama para ir a la cama, pero es preferible tener un buen edredón y mantener los cuerpos bien conectados. Alargar la mano y notar su piel genera conexión.

Y ya que hablamos de la noche, es importante irse a dormir a la misma hora. A veces no es posible, pero como tónica general, hay que procurar que sea así.

Los masajes son un buen recurso. No hace falta que sean largos, pero dedicarse un momento a masajear alguna parte del cuerpo es clave. Puede ser estando en el sofá, mientras se ve la tele (si la pareja tiene esta costumbre) o quedar para regalaros un momento de relax. En media hora se hacen maravillas.

A veces me he encontrado con compañeros sexuales que me han dicho que no saben hacer masajes. Bueno, el tipo de masaje al que me refiero no requiere mucha técnica, tiene que ver más con dejar que tus manos te lleven en vez de pretender hacerlo bien. En todo caso, no está de más aprender. Es que saber tocar la piel de tu pareja es básico. La piel es el órgano sexual más grande que tenemos y hay que darle espacio a esos momentos. Los hombres tienen que aprender a tocar el cuerpo de la mujer con el fin de regalarle su presencia y darles relajación, y las mujeres también tienen que aprender a tocar el cuerpo del hombre, ya que muchas veces lo hacen con excesiva suavidad, deben aprender más recursos para no ir solo a los genitales.

60

MÁS QUE SEXUALIDAD

El tantra no es solo sexualidad. He hablado de la sexualidad porque esta parte del libro trata sobre el placer. También porque el tantra no excluye la sexualidad y tenemos mucho margen de mejora en esta área. El tantra utiliza la energía sexual para entrar en estados alterados de conciencia para poder llegar a ese lugar del que todos los místicos hablan: el éxtasis, los lugares sin nombre.

Recuerda: podemos mover nuestra energía sexual sin estar excitados, pero siempre que estamos excitados movemos nuestra energía sexual. Por eso, la sexualidad y la espiritualidad están unidas, ahí hay mucho por descubrir. La sexualidad es uno de los lugares de donde más hemos retirado nuestra conciencia y donde más la podemos despertar. La sexualidad es mágica y está llena de misticismo, es un lugar a explorar en todas sus dimensiones.

Por eso he querido darle mucho espacio, pero el tantra la trasciende. Tantra es vivir la vida, en todos sus ámbitos, con conciencia.

EL CAMINO TÁNTRICO EN LA VIDA

Hemos venido aquí a ser felices, a gozar esta vida. Todo se podría reducir a esto, en realidad. Felicidad entendida como vivir despiertos a nuestra naturaleza, sabiendo que no somos ni nuestros pensamientos ni nuestras emociones. Felicidad como un lugar donde estar ahora, sin relación con el futuro y sacando el «siempre» de nuestros labios. No se trata de ser felices «para siempre», sino ahora, porque este momento es lo único que tenemos. Felicidad como un trabajo para estar en la paz «ahora».

Cuando soltamos el ruido de la mente, con un compromiso diario, podemos estar más conectados con nuestra verdad interna, con nuestros «síes» y con nuestros «noes» genuinos. Personalmente, yo dedico mucho tiempo a ahondar en esta intuición, a estar conectada a mi sabiduría interna, a volver a mi parte salvaje, la que ya sabe. Desde ahí se descubre el verdadero fluir, que no es dejarse arrastrar según la dirección cambiante del viento, es un fluir que está arraigado en nosotros, que desde nosotros mismos nos permite escuchar mejor y adaptarnos a lo que la vida proponga.

Con una mente clara, todo va sucediendo, ¡la vida te vive!

Y eso es tantra, vivir en el más puro gozo, en el éxtasis.

Cuando las personas se sienten realizadas, responden mejor ante los desafíos de la vida. Cuando yo me quiero, siento que todos lo hacen. Cuando yo estoy en paz, todo lo vivo mejor. Y ese debe ser nuestro enfoque. Dedicar unos minutos al día a tener nuestros sistemas nerviosos relajados. Este es un camino sin dogmas. Es un camino de escucha: tu brújula interior es la más importante.

Para vivir la vida desde este lugar es importante que te ocupes de ti, que te habites, que vuelvas a tu cuerpo, que vivas poniendo los cinco sentidos en todo aquello que haces, que vibres. Que vibres, sí, porque nos hemos acostumbrado a sufrir y ya no te parece normal vibrar con alguien o levantarte contento para ir a trabajar. Nos hemos acostumbrado a una vida mediocre, en la que nada tiene sentido. Si te fijas, la primera parte del libro es mucho más larga que la segunda, porque, para poder conectar con el placer de vivir, hay que estar abierto. Hay que trabajar los bloqueos antes. Por eso también en esta segunda parte he puesto ejemplos de cómo desbloquearnos para abrirnos al placer físico. Tenemos mucho trabajo que hacer para dejar de sufrir. No es un cambio arduo y eterno, pero sí uno en el que asentar las bases para que podamos acompañarnos en nuestros procesos emocionales con las herramientas adecuadas, con herramientas que funcionen. Si contamos con una herramienta así, el resto suma: los libros, las terapias, las danzas, los viajes, los momentos de compartir y la cerveza en el bar mientras charlamos con un amigo.

61

UNA VIDA COMPLETA

La realización personal no incumbe únicamente a un aspecto de tu vida. En la actualidad, por ejemplo, hay muchas personas muy preocupadas por su vocación, o más bien, preocupadas por no tenerla. Parece que todos sus males desaparecerán cuando encuentren el propósito de su vida. Otras persiguen una pareja, otro tema que asociamos a una vida plena. Nos han educado en el «tener». Esto debemos revisarlo para no pasarnos la vida persiguiendo objetivos y acabar descubriendo que eso es, justamente, lo que nos lleva a perder nuestra capacidad de disfrute.

¿Qué estás creyendo que necesitas para ser feliz?
¿Un propósito de vida?
¿Una pareja?
¿Un cuerpo ideal?
¿Más paz? ¿Deseo sexual?

Todo esto, ¡todo!, puede ser cuestionado. Y hay que trabajar en uno mismo para no ir siempre detrás de la zanahoria, persiguiendo un objetivo, que, una vez alcanzado, nos lanza a correr detrás de otro.

Este es el primer trabajo a realizar: poner en duda todo aquello que necesitas. Te invito a que realices este ejercicio.

Cierra tus ojos, medita sobre esto y escribe las respuestas que te surjan en este momento. Haz un listado de todo lo que crees que necesitas para ser feliz.

La vida está aquí y necesita ser vivida. ¿Cómo vas a disfrutar de la vida plenamente si tu mente está en el futuro? Aquí radica la importancia de ser meditadores. Si no practicamos la meditación caemos en la inercia de no estar en el presente, vivir en el juicio, la comparación y los objetivos. La meditación te devuelve al aquí y ahora.

Volvamos al ejercicio. Cuestionamos todos los objetivos que perseguimos para no caer en la ansiedad y apreciar lo que tenemos. Revisa tu listado y léelo en forma de pregunta. ¿Realmente necesitas lo que has escrito para ser feliz? Responde con sinceridad. ¿Notas el espacio que se abre?

En la medida que meditamos sobre todo esto y logramos desapegarnos de los resultados de nuestros deseos, logramos dos cosas: por un lado, más paz, y por otro, más facilidad para lograr nuestros verdaderos objetivos de manera natural. Logramos más paz porque nos permitimos disfrutar de lo que ya tenemos y de la vida. Y más facilidad porque, al apreciar lo que tenemos, conectamos con la abundancia. Y la abundancia trae más abundancia. Del mismo modo que sentir carencia trae más carencia.

Por ejemplo, quizá no tienes el cuerpo que deseas, pero si logras apreciar el cuerpo que tienes te resultará más fácil trabajar para mejorarlo que si lo haces desde el rechazo. Y así con todo. Aprecia lo que tienes y, si es honesto para ti, ve a por más pero desde ese lugar de aceptación.

Estar presente y tener objetivos es compatible. Crea tu visión y ocúpate de ella, desde el aquí y ahora, con alegría, abundancia y presencia. Recuerda que ya somos seres completos.

Una vez que nos damos cuenta de que estamos completos, y este es un trabajo al que hay que dedicarle tiempo, podremos trabajar para tener una vida en equilibrio. Lo que te propongo es que revises todas las áreas de tu vida porque el equilibrio se ha de dar en cada una de ellas y no solo en algunas.

Aquí te propongo algunas preguntas, ideas y reflexiones que cabe tener en cuenta para cada área de tu vida.

SALUD: Tu cuerpo es tu templo. ¿Tienes una salud fuerte? ¿Tienes dolores? ¿Respetas tus ciclos vitales? ¿Qué haces para cuidarte? ¿Cómo te alimentas? ¿Te alimentas así porque te han dicho que esa alimentación es la mejor o has aprendido a escucharte y entenderte para comprender qué es lo mejor para ti? ¿Haces masajes para tus músculos? ¿Qué tal tus vértebras? ¿Tus huesos? Hay especialidades que te ayudan a mantener el cuerpo equilibrado, como la quiropraxia, la acupuntura o el pilates. ¿Te mueves? ¿Sudas? El ejercicio físico es imprescindible, siempre y cuando sea coherente con tus capacidades.

CUERPO FÍSICO: ¿Te sientes bien con tu cuerpo? ¿Cómo te sientes cuando te miras al espejo? Lo primero es aceptarte tal cual eres. Algunas veces podrás hacer algo para cambiar lo que no te gusta. La aceptación y el cambio no son incompatibles. Mientras te aceptas, puedes perder peso o puedes cambiarte el color del pelo, o puedes tonificar tus músculos, o lo que sea mejor para ti. Estar feliz en el cuerpo que habitas es importante. ¿Tu imagen refleja tu poder? Saber qué ropa te sienta bien es importante, porque hay colores y tipos de ropa que te sentarán mejor que otra. Debes permitir que tu cuerpo te represente, aprender a sacarte partido. Pero siempre desde la aceptación.

HOGAR: ¿Estás feliz en el lugar donde vives? ¿Lo sientes un hogar? Es importante llegar a casa y sentirte en casa. La casa se construye. Si vives solo, tener un espacio ordenado te permite descansar. Si vives con gente, por ejemplo, compañeros de piso, elige personas que te sumen.

FAMILIA: ¿Qué tal te llevas con tu familia? Hay familias más estructuradas y otras menos, y llevarte bien con tu familia no significa que los tengas que ver cada fin de semana. Las relaciones son una experiencia interna y estar en paz con papá y mamá, por ejemplo, te ayuda a sostenerte mejor en tus procesos emocionales para que tú puedas ser una buena madre y un buen padre para ti mismo. De igual modo con el resto de la familia: hermanos, hijos o la madre de tu pareja. Es importante estar en paz con todos ellos. La familia es la que tienes detrás y la que tú creas. Si eres mujer pregúntate sobre la maternidad, si quieres o no quieres ser madre y, sobre todo, es preciso que te preguntes por qué. Si es un anhelo genuino o un mandato social. En el caso de que quieras serlo, deberás hacer hueco en tu vida. Si no tienes pareja, plantéate si quieres ser madre sola o es imprescindible que estés acompañada.

PAREJA: ¿Vives bien la soledad? Ese es el primer paso en una relación, ser una buena pareja para nosotros mismos. ¿Haces algo para tener pareja, si eso es lo que quieres? Porque no se trata de buscar, sino de hacerle saber a la vida que estás disponible. ¿Eres una buena pareja para el otro? Si tienes un equilibro entre tu energía filial y tu energía erótica, podrás tener una relación de pareja satisfactoria. Si tienes pareja, ¿os dedicáis momentos a vosotros mismos en mitad de la vorágine en la que os sumerge la rutina?

SEXUALIDAD: ¿Te sientes feliz con tu sexualidad? ¿Te conoces sexualmente? ¿Te tocas? ¿Cómo es tu masturbación? ¿Sientes satisfacción cuando tienes relaciones sexuales? ¿Qué falta? ¿Qué sobra? ¿Qué puedes hacer para vivirlo mejor?

TRABAJO: ¿Te levantas feliz por la mañana para ir a trabajar? ¿Sientes que aportas en tu trabajo? ¿Estás en el lugar que te corresponde? No todo el mundo tiene que hacer un trabajo relacionado con el ámbito del desarrollo personal, lo que todos tenemos que hacer es aportar nuestros dones en el trabajo. Es algo muy diferente y lo cambia todo. Reinventarte profesionalmente no es cambiar de profesión, ni tan siquiera pasa por hacer de tu *hobby* una profesión, sino por ofrecer lo que se te da bien ahí donde estés. Hay muchas fórmulas posibles. Desde gente que sí hace de un *hobby* su profesión hasta gente que tiene un trabajo para ganar dinero y que, cuando termina su horario laboral, se dedica a su pasión (de manera remunerada o no). También gente que no tiene ningún *hobby* y trabaja para ganar dinero. ¡Y está bien! Lo importante es que honres tu energía ahí donde estés. Si tienes habilidades comunicativas, hónralas. Si tu talento es la organización, hónralo. Conoce tus dones y llévalos al mundo, de la forma que sea.

DINERO: ¿Cómo te relacionas con el dinero? ¿Qué creencias tienes con relación a él? Pregúntate cuánto dinero al mes es necesario para ti. El dinero es una energía muy alta porque te ayuda a equilibrar todas las áreas de tu vida. Te permite vivir en un lugar donde te sientes a gusto, pagar a los mejores especialistas, si los necesitas, o te puede ayudar a la hora de tomar decisiones. No se trata de vivir con lujos, pero sí de tener el dinero suficiente para poder tener la vida que quieres. Es poner el dinero a tu servicio.

AMISTADES: El número no es importante, la clave es que sean buenas para ti. La gente que tienes alrededor, ¿te suma? Estar rodeada de gente que tenga tus mismos valores te va a ayudar a tener una vida rica en amor.

ESPIRITUALIDAD: Es la sabiduría que te da la habilidad para manejar todo lo anterior y confiar en la vida. Es estar conectados con nuestros «síes» y «noes» profundos, con nuestra verdad. Querer trabajar esta área y vibrar alto, sin ocuparse del resto, no tiene sentido. Irás cojo por la vida. Necesitamos espiritualidad para no ponernos en el lugar de dios, para seguir rindiéndonos ante el misterio que es la vida. Y sobre todo, y esa es la parte más importante para mí, espiritualidad para escuchar lo que la vida quiere de nosotros.

¡Cuidado! No te planteo todas estas reflexiones para que te pongas más objetivos sino para que te des cuenta qué áreas estás descuidando y puedas atenderlas con el fin de sentirte más pleno. Pero no te confundas, si solo te dedicas a ganar mucho dinero pero no cultivas tu parte emocional, te sentirás vacío. De la misma manera que si solo te dedicas a cuidar tu cuerpo pero no tienes buenas relaciones. O si tienes una buena vida familiar pero no tienes sexualidad.

La vida es un juego de equilibrios y muchos de nuestros dolores terminarían si jugáramos a este juego sin perder el sentido común.

62

NO PERDAMOS EL SENTIDO COMÚN

A lo largo de mi carrera he visto cómo muchas personas se desesperaban por no tener una visión y un enfoque claro de su vida, y de cómo abordarla. Veo personas muy insatisfechas, que no tienen libido, pero van corriendo a todos lados. ¿Cómo vas a tener libido si no tienes tiempo para conectarte con tu cuerpo ni un minuto a lo largo del día? Veo mujeres con un fuerte bloqueo sexual. Algunas, por un fuerte complejo referido a sus medidas; otras, por el intenso olor que desprende su cuerpo; y otras, porque toda su sexualidad está regida por la penetración, cuando su placer reside en friccionar la zona externa del clítoris. Cuando indagas un poco, te das cuenta que la primera está centrada en aumentar su autoestima, pero no en crear nuevos hábitos alimenticios. No hay ningún problema con pesar algunos kilos de más o de menos, el problema es que no lo aceptes. Aceptarlo no significa quedarte con esos kilos con los que no te sientes a gusto. Revisa tus hábitos alimenticios y haz ejercicio físico. Bajarás de peso y tu autoestima subirá. Insisto, no siempre hay que adelgazar, pero este es un caso habitual y al que se le da vueltas en bucle. Hay que ocuparse de las cosas y hacerlo con compromiso y honestidad, revisando todas las perspectivas posibles. En el segundo caso nos encontramos con el complejo del olor, algo también habitual, que produce mucha vergüenza y genera un bloqueo en la sexualidad por miedo a exponerse. ¿Cuántas veces he visto mujeres que venían a mis talleres de autoestima y sexualidad y cuando se profundizaba un poco se hacía evidente que se alimentaban a cafés y croissants? Cuando se les proponía un cambio de hábitos alimenticios para eliminar ese olor corporal tan fuerte, muchas decían que no, que querían ganar autoestima y desbloquearse sexualmente, sin reconocer la relación entre una cosa y otra. En el último ejemplo que he mencionado sobre el bloqueo sexual en relación con el placer físico, cabe preguntarse: ¿Cómo vas a sentir el más intenso de los placeres si no te sabes dar placer a ti?

Hay hombres que sufren terriblemente porque se sienten vacíos en las relaciones que tienen y siguen fantaseando con mujeres que no son reales y con un sexo basado en pantallas.

Hay mujeres que no encuentran pareja ni creyendo que insisten en buscarla, y cuando escuchas la manera en que hablan de los hombres, notas una crítica, ese «ellos no están lo suficientemente evolucionados». Esto no favorece en absoluto la relación entre iguales.

Hay personas que han escuchado por ahí que el amor libre es un estado evolucionado del ser y no se preguntan primero a ellos mismos si eso es lo que realmente quieren y necesitan.

Hay tantos ejemplos... Qué importante es tener un buen enfoque de trabajo y lograr un equilibro entre todas las áreas de nuestra vida.

El equilibrio, como explicaba en el capítulo anterior, consiste en nutrir de manera armónica cada una de nuestras áreas y no solo en buscar el equilibrio en alguna. Tenemos que nutrir y prestar atención a cada una de ellas. Descuidar una desequilibra al resto. Por mucho que cultives tu parte espiritual, si no vives en un lugar que te guste, va a ser más difícil que te sientas realizado. No es que tu felicidad dependa de que todo esté en orden. Tu felicidad es una experiencia interna, pero la realización personal sí tiene que estar centrada en llevar una vida equilibrada. Es mucho más difícil sentirse realizado si te duele la espalda cada día. Si no se puede evitar, tendrás que vivir con ello y aprender a vivirlo bien, pero ya vimos que la aceptación no es resignación y quizá sí que haya cosas que puedes hacer para mejorar ese aspecto. Se trata de que seamos protagonistas de nuestras vidas y de que busquemos nuestra realización en todas las áreas. La vida, siempre en movimiento, cambiando a cada instante, es un juego de equilibrio. A la vez que descubro una felicidad que no depende de lo externo, me pregunto qué parte depende de mí para que mi vida sea más coherente con mi energía.

En el capítulo anterior revisamos todas las áreas de nuestra vida y nos hicimos preguntas. Puedes profundizar en ellas y dedicarles el tiempo que necesites. De esta manera verás por dónde trabajar tu equilibrio.

Ahora me gustaría mostrarte un modelo de trabajo que te ayudará a poner el foco en las distintas áreas de tu vida, a establecer prioridades en el trabajo (porque muchos no saben por dónde empezar y el sentimiento de estar desbordados los lleva a la parálisis) y no caer en la trampa de las falsas necesidades ni en incoherencias. Empezar la casa por el tejado no suele funcionar.

En el año 1942, Abraham Maslow desarrolló una teoría psicológica en la que mostraba gráficamente las necesidades humanas, fisiológicas y psicológicas que necesitan ser atendidas para alcanzar la autorrealización. Es conocida como «pirámide de las necesidades» y está formada por cinco bloques ordenados desde la base del siguiente modo: fisiológicas (respiración, alimentación, descansar, sexo, homeóstasis), seguridad (física, empleo, recursos, moral, familiar, salud), sociales (amistad, afecto, intimidad), estima (éxito, reconocimiento, respeto, confianza) y autorrealización. Como en esa época no existían los teléfonos móviles ni padecían la ansiedad que sufrimos hoy en día, propongo esta pirámide de seis bloques adaptada a nuestros tiempos y dolencias.

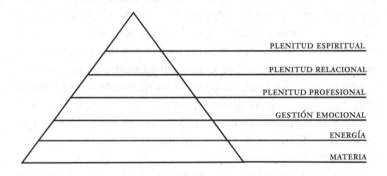

PLENITUD ESPIRITUAL

PLENITUD RELACIONAL

PLENITUD PROFESIONAL

GESTIÓN EMOCIONAL

ENERGÍA

MATERIA

MATERIA

Es la base de la pirámide. Aquí incluyo el lugar donde vivir, el dinero y la seguridad física.

Puede que a algunas personas, inmersos como estamos en un mundo tan materialista, les sorprenda que mencione el dinero, pero es importante, porque ¿cuántas personas están en guerra con el dinero? Es uno de los grandes temas tabúes de hoy en día. Se habla del sexo como el gran tabú, pero yo diría que el dinero lo es aún más. El sexo se está destapando (estamos viviendo un *boom* de empoderamiento femenino que incluye toda la faceta sexual y en las redes sociales ya se habla de menstruaciones, clítoris y placer femenino de manera más habitual), pero el dinero aún tiene mucho recorrido.

¡Cuántas creencias asociadas a esta área! ¡Cuánta gente viviendo con una sensación de carencia! ¡Cuánta gente peleada porque las cosas hay que pagarlas y son caras!

Una creencia bastante extendida en el ámbito del desarrollo personal es pensar que quien se dedica a estos temas no debe cobrar. Se resta crédito a quien cobra o a quien vive prósperamente. Creamos lo que creamos, todas las propuestas de desarrollo personal, de medicina alternativa, etc., cuestan dinero, y como estemos peleados con esto, no podremos beneficiarnos de lo que ellas ofrecen.

En la materia también está implicada la salud, que es lo más importante que tenemos porque sin ella no hay vida. Es nuestra tierra, nuestra casa física. Una buena salud nos permite prestar atención a otras áreas de nuestra vida.

Conocer mi vocación es importante, pero si un dolor de espalda afecta mi movilidad, la prioridad es, antes que nada, encontrarme bien, porque es la casa que habito.

Si para conocer mi vocación, necesito formarme hasta dar en el clavo, necesitaré pagar las formaciones que hagan falta hasta que encuentre mi estilo y eso a lo que me quiero dedicar, y luego, tendré que invertir en una web, y en proveedores que me ayuden a emprender mi proyecto, etc.

La materia es la base de la pirámide, lo que nos permite poder seguir subiendo escalones. Cuanta mayor paz tengas en esta área, más fácil te resultará seguir subiendo.

No podemos saltarnos escalones. Las cosas básicas van primero: tener salud, un lugar digno donde vivir y dinero para sobrevivir y poder invertir en aquello que nos permita subir los siguientes peldaños. La materia no es el área de la abundancia. Esta se extiende más allá de la base.

Aquí, como explicaba antes, nos encargamos de lo básico. Es posible que no siempre nos dediquemos a aquello que más nos gusta, ni que siempre vayamos a trabajar lo justo y necesario para poder llevar la vida que deseamos, al menos no al principio. Este es mi caso. Cumplidos los dieciocho años y como tenía bastante claro esto que estamos comentando, me independicé de casa de mis padres. Necesitaba dinero para sobrevivir. Así que mientras seguía desarrollando mi vocación, tenía tres trabajos. En esa época hacía masajes, ¡y hacía muchos! Amaba hacer masajes, pero quería hacer otras cosas también. Esto me permitía sobrevivir en mi pisito de Gracia, y en paralelo, hacía distintas formaciones hasta que me pude independizar profesionalmente y hacer las cosas según mi criterio. Hasta que puedes hacer las cosas a tu manera quizá necesites pasar un periodo en donde tienes que concentrar tu atención en las bases. Esto puede parecer difícil en una época en la que se ha perdido el valor del esfuerzo. Queremos las cosas ya y las queremos rápido. Quizá esta sea una de las causas de la frustración que caracteriza a nuestro presente.

Puse mi ejemplo, pero existen muchas fórmulas. Hay gente que después de separarse vuelve a vivir en casa de sus padres para luego poder independizarse, gente que tiene un trabajo que no le llena pero que le da dinero para invertir tiempo y dinero en lo suyo, gente que durante un tiempo vive en un sitio muy pequeñito y a medida que avanza cambia a uno mejor. Encuentra tu fórmula, la tuya. Pero asegúrate de tener salud, un lugar digno donde vivir y dinero para invertir antes de dar el siguiente paso. Primero sobrevivimos para luego vivir de verdad.

ENERGÍA

Tener energía es muy importante, la necesitamos para pasar de sobrevivir a vivir y seguir creciendo. La necesitamos para llevar a cabo nuestros proyectos, construir una casa, tener hijos, vivir en pareja, ¡publicar un libro! La energía se relaciona con la materia pero implica un paso adelante, porque nos conecta con la abundancia. Le damos poca importancia a este sentirnos «llenos de vida», a esta energía que se expresa en nuestra vitalidad. Vamos a repasar los temas implicados en esta área.

La alimentación

Los alimentos nos pueden dar o restar energía, afectan a nuestros órganos y a nuestras emociones. ¿Cómo llevas esta área? ¿Estás siendo supervisado por alguien? ¿Cómo están tu hormonas? Todos sabemos qué alimentos deberíamos evitar y cuáles son los requisitos imprescindibles de una alimentación sana, pero ¿lo hacemos? Si no lo hacemos, ¿cuál es la razón? (esto puede sacar a la luz tus creencias). La supervisión es recomendable porque es muy fácil «dejarnos ir» en esta área que representa un gran desafío porque nos relacionamos con la comida varias veces al día.

El ejercicio físico

¿Realizas ejercicio físico? ¿Cuál? ¿Sabes si es adecuado para ti? El ejercicio físico no solo es importante en el ámbito de la sexualidad, como hemos comentado en capítulos anteriores, sino también para mantener tu salud física, el correcto funcionamiento de los órganos y segregar hormonas como la serotonina y la oxitocina, llamadas las hormonas del bienestar. Esto también nos permite mejorar nuestro estado de ánimo.

Cuidar el sueño

Un terreno desconocido para muchos. Bueno, no es que sea desconocido, es que no somos conscientes de cuán importante es. Cuidar el sueño para un correcto funcionamiento cerebral y para tener mucha energía.

Te cuento mi secreto. De joven me levantaba a las once de la mañana y solo deseaba que llegara el fin de semana para dormir, dormir y dormir. Era un ave nocturna. Ya de adulta, y después de intensas jornadas laborales, me empezó a pasar lo que a muchos, que cuando llegaba a casa estaba derrotada. Me guardaba muchas cosas para hacer después del horario de trabajo y me costaba mucho hacerlas. Recuerdo días respondiendo *mails* a las once de la noche, la energía que tenía que invertir en esa tarea, o los días que por alguna razón me tenía que levantar antes. Era una tortura para mi. En aquella época me iba a dormir sobre las doce de la noche y me levantaba a las ocho de la mañana. Era realmente arduo. Tenía la sensación de que no vivía. Me levantaba, iba a trabajar y al volver —tarde— me quedaba ese rato que casi no podía aprovechar porque mi cuerpo no daba más de sí. Además, no podía sacar todo el tiempo que quería y necesitaba para cultivar el silencio y la quietud, tan importantes para la realización personal.

Hasta que un día oí hablar de los ritmos circadianos del Ayurveda, una filosofía medicinal tradicional de la India que, entre otras cosas, contempla el aspecto del cuidado del sueño. Nos insta a irnos a dormir temprano para levantarnos temprano. La idea es que conectemos lo más posible con los ritmos de la naturaleza, con los ciclos del sol y la luna.

¿Notaste alguna vez que al pasar de las diez y media de la noche tu cuerpo se activa? En mi caso, me di cuenta de que alrededor de las diez tenía un pequeño bajón de sueño, pero si no me iba a dormir en ese momento, me activaba. A partir del encuentro con esta sabiduría, implementé unas cuántas modificaciones en mis hábitos. Aunque cada país tiene sus horas solares, te voy a contar cómo lo hago yo: me voy a dormir antes de las diez y media o máximo a esa hora, y me levanto antes de las seis y media. ¿Qué te parece? Loco, ¿no? Pero antes de que empieces a decir que tú no puedes hacerlo, deja que te cuente más detalles.

Si te gusta dormir, estarás de acuerdo conmigo en que no hay nada más increíble que levantarte sin despertador. Bien, pues esto es lo que he conseguido siguiendo esta práctica y ¡no sabes lo bien que sienta!

Como todo, es progresivo, y dependerá de tus hábitos. Puedes empezar por hacerlo un día y ver qué tal. Te metes en la cama a las diez y cierras los ojos. ¡Apaga el móvil! Si no te duermes, trata de fijar tu mirada en algún sitio, por ejemplo, un libro con la luz muy tenue. Si tu despertador suena a las seis de la mañana, levántate aunque te cueste. Y si durante ese día tienes un poco de sueño, ¡que no se te ocurra hacer siesta! Aprovecha esa noche porque seguramente cuando lleguen las diez te será más fácil conciliar el sueño. Poco a poco modificarás el hábito.

¿Y qué pasa con las actividades que tenía que hacer por la noche? Pues que poco a poco irían pasando a la mañana, que además es el momento en que el cerebro está más fresco y más productivo. Yo, por ejemplo, me levanto ya a las cinco y media y no sabes todas las cosas que hago a esas horas. Para empezar, levantarse en medio de ese silencio es algo muy íntimo. Es mi momento del día de quietud, para cultivar ese silencio tan necesario. Puedo meditar, hago mis ejercicios para cultivar mi energía sexual (luego te cuento), a veces voy al gimnasio, a veces ordeno la casa (sí, mi momento de fregar los platos suele ser a las siete de la mañana), desayuno como una reina, y organizo el día, dándome tiempo para responder *mails* y *WhatsApps* acumulados. ¡A las diez de la mañana ya he vivido media vida! ¡Es una maravilla!

¿Y qué pasa con el sexo? ¡Pues si tienes pareja y además tienes hijos esto es ideal! ¡Justamente lo que les pasa a las parejas es que por la noche están derrotadas! Acostumbraros a iros a dormir en el mismo horario que los niños (y a ellos también reeducarlos en irse a dormir temprano) y levantaros antes que ellos. Allí tendréis vuestro momento de pareja, para abrazaros en la cama, para desayunar con calma o para tener una sexualidad bonita y con más energía.

¿Qué pasa si llegamos a casa a las diez de la noche? Muchas veces llego a esa hora a casa debido al trabajo, y a la media hora estoy en la cama. Aprovecho esas ocasiones para hacer un poco de ayuno o simplemente me tomo un caldo y me voy directa a la cama. Si por lo que fuera llego más tarde, ajusto mi horario, pero procuro no levantarme después de las seis y media de la mañana.

¿Qué pasa con la vida social? Que no es incompatible. No tendrás compromisos y eventos cada día, ¿cierto? Lo importante de los hábitos es lo que haces cada día y no lo excepcional. Si un día llegas a tu casa a la una de la madrugada, al día siguiente te levantas un poco más tarde (sí, ese día estarás hecho polvo, pero no se te ocurra hacer siesta), y al día siguiente, retomas tu rutina.

Cada persona es un mundo, y hay que ir haciendo ajustes, pero con calma, paciencia e intención lo puedes conseguir. Y ya verás cómo te cambia la vida.

Cultivar la energia sexual

En la segunda parte de este libro, en la que desarrollé el tema del placer, he ido hablando de la sexualidad y de la energía sexual. Comenté que mover la energía sexual no implica tener sexo, pero que en una sexualidad activa siempre está implicada la energía sexual, que es la energía vital.

Podemos poner en juego la energía sexual en todo aquello que queramos desarrollar. La energía sexual es vida y crea vida, nos aporta apertura y vitalidad.

¿Cómo podemos aumentar nuestra energía sexual? Entre muchas otras cosas, a través del ejercicio físico, el baile y los ejercicios tántricos.

La clave es mover la cadera, donde reside la energía sexual, y hay muchas maneras de hacerlo. Te voy a dar algunos consejos del tantra, mi especialidad.

- Siéntate en el borde de la cama o de una silla y con música sensual de fondo, acaríciate. Esta es una de mis prácticas matutinas, aunque yo la hago en el suelo, sentada en un zafu y sobre una esterilla

- Tócate el cuerpo de manera sensual durante veinte minutos como mínimo.

- Mastúrbate durante un mínimo de veinte minutos (sin orgasmo), tocándote el genital mientras respiras todo el rato.

- Haz la danza tandava, una meditación tántrica que cultiva el movimiento espontáneo (para más información puedes consultar mi web, www.elmaroura.com)

- Por último, abraza un árbol mientras respiras y mueves ligeramente tu cadera.

Toda la energía sexual que obtengas de esta manera la puedes usar para tu día a día y para tus proyectos. Llevarla o no al sexo, independientemente de que tengas pareja, incluso de tu propia sexualidad. Esto tiene que ver con usar la energía y los recursos disponibles que tienes en tu cuerpo para generar más vida. ¡Es una maravilla!

GESTIÓN EMOCIONAL

Tercer escalón de la pirámide. Nuestra sociedad, tan centrada en lo racional, no sabe gestionar lo emocional. De esta manera, es frecuente que muchas personas sufran crisis emocioales. No se puede ir por la vida en modo automático, porque al final te quiebras. Necesitamos estar conectados a nuestro mundo interior. ¡La vida va por dentro! Y desde dentro hacia fuera se manifiesta. Aprender a gestionar cada una de las cosas que nos ocurre es una necesidad elevada al cuadrado.

Antes, ir al psicólogo era algo extraño, era cosa de locos. Ahora hay mucha gente que es acompañada por algún terapeuta, que pide ayuda cuando lo necesita y que se adentra en el mundo del desarrollo personal.

Pero aún hay más: alcanzar la independencia emocional, algo de lo que hablé en la primera parte de este libro, es posible y nos permitiría avanzar hacia un modelo de sociedad responsable, dueña de sus propios dolores, que sabe qué hacer cuando experimenta emociones y se presentan desafíos que alteran nuestros sistemas nerviosos.

La madurez emocional consiste no solo en conocer tu mundo interior y pedir ayuda cuando lo necesitas, sino en ocuparte de lo que te ocurre en tu día a día. A lo largo de este libro he intentado mostrar cómo se puede hacer. Es necesario dedicar tiempo a la gestión de nuestras emociones y comprometerse hasta sentir que uno mismo se sabe acompañar, esté donde esté.

PLENITUD PROFESIONAL

Cuarto escalón de la pirámide. Venimos de estructuras familiares donde seguramente lo que te han inculcado es que lo más importante es tener trabajo. No te han dicho que te tiene que gustar, te han dicho que hay que trabajar. De ahí se derivan muchas crisis existenciales, de dedicarle mucho tiempo y esfuerzo a algo que no tiene sentido para ti.

Cuando hablamos del trabajo, es importante saber ver los matices. A partir de mi experiencia puedo concluir que no todo el mundo tiene vocación. Hay personas que han venido a este mundo a realizar una tarea profesional específica, y otras no. Quizá han venido a encontrarse con alguien, a formar una pareja, a tener hijos, etc.

Es muy romántica la idea de que todos tenemos una súper profesión que desarrollar, pero, cuidado, porque esto es el origen de muchas frustraciones también.

Más que con un trabajo específico, este peldaño de la pirámide tiene que ver con a qué le dedicas tu tiempo, sea de forma profesional o personal. Nuestra vida tiene sentido en la medida que nosotros le demos sentido, y dedicar tu tiempo a algo que te guste es muy importante. Hay múltiples combinaciones. Hay personas que trabajan en lo que constituye su pasión. Hay personas, en cambio, a las que su trabajo no les apasiona, pero les permite ganar el dinero suficiente como para invertir en su pasión. Recuerdo una chica que estaba muy frustrada porque todo el mundo en el ambiente del desarrollo personal le preguntaba si le gustaba su trabajo y ella decía que no, pero que le servía para viajar, que era su gran pasión. Y la gente insistía, que por qué no se dedicaba a llevar a gente a viajar por el mundo y ella se sentía realmente incomprendida y como defectuosa porque solo quería viajar a su aire, sin convertirlo en profesión. ¿Es condenable? Ella era feliz con esta combinación. ¿Qué hay de malo en tener un trabajo simplemente para ganar dinero y luego dedicarte a actividades que te nutran? Otra mujer me contaba que ella tenía su trabajo y que en su tiempo libre pintaba, que con eso ganaba un dinero extra y se sentía muy bien así. ¡Genial!

Otras personas deciden hacer de su pasión su vocación. ¡Bravo por ellos!

Pero antes de continuar, ¿tienes alguna pasión? Si no lo tienes claro y eso te perturba, te pregunto: ¿no será una moda más que estamos siguiendo?

Lo importante es que dediques tu tiempo a algo que te guste, que estés conectado con la pasión. Esta sección de la pirámide está dedicada a ella, porque con pasión se vive mejor. Haz lo que sea, pero que el día tenga su momento de pasión.

Y una última consideración. El ser humano necesita sentirse útil. Aparte de hacer cosas, procura sentirte útil de la forma que sea. Ayudar, aunque sea con pequeños gestos en la vida cotidiana. Servir al prójimo es necesario para el alma. Dedícale algún momento del día, o de la semana, al servicio. En la forma que sea, pero hazlo. Todo puede ser servicio si le pones conciencia: la cordialidad del camarero que me sirve la comida en el restaurante, la sonrisa de la doctora que me recibe en su consulta, la diligencia del taxista que me lleva a la estación para que no pierda el tren.

Es importante sentirse útil, dedicar tiempo de la propia vida a hacérsela más fácil a los demás.

PLENITUD RELACIONAL

Somos seres sociales y, como tales, necesitamos relacionarnos. Esto es un desafío porque la relaciones crean roces (por eso necesitamos ser unos *cracks* en gestión emocional). En la medida que tengamos un entorno sano, que nos apoye y que nos sume, nuestra satisfacción personal aumentará. Hay que rodearse de gente bonita.

Aquí también está incluido el tema de las relaciones de pareja que ya hemos tratado en detalle. La plenitud relacional tiene que ver con estar feliz con o sin ella, con establecer relaciones de calidad, aunque sean pocas, y con estar feliz con tu capacidad para relacionarte y con tus habilidades sociales.

Estar solo es importante, pero estar acompañado también.

PLENITUD ESPIRITUAL

Llegamos al último escalón de la pirámide. La plenitud espiritual consiste en cultivar nuestra alma, el silencio, nuestra paz, en poder estar tranquilo con quién eres y cómo eres. Consiste en cultivar los valores de tu vida, en decirle sí a la vida.

Fíjate que para llegar hasta aquí necesitas haber subido los escalones anteriores. Las incongruencias empiezan a aparecer cuando queremos «saltar» etapas. El desarrollo es progresivo y cada escalón sustenta al siguiente. ¿Cómo me voy a sentir pleno si discuto con todo el mundo, si detesto mi trabajo, etc.?

Te pondré un ejemplo personal. Siempre había cultivado mucho mi área profesional y mi área de gestión emocional, pero no había dedicado nada de tiempo a mi energía. Bueno, a mi energía sexual sí, pero al resto no. En la medida que empecé a cuidar mi alimentación, a hacer ejercicio físico, y a dormir mejor, mi tensión emocional bajó. Si antes tenía que dedicarle mucho tiempo a mi gestión emocional, ahora le dedico menos, porque mi vida está más ordenada.

Recuerdo que pasé muchos años viviendo en un sitio que siempre supe que era de paso, que nunca sentí mi hogar. Cuando cambié de piso, mis noches empezaron a ser especiales y en mi tiempo libre gozaba de otra manera. Nunca quise darle valor a lo material. De alguna manera me enorgullecía poder vivir en cualquier sitio, pero en el momento en que construí mi hogar, mi vida dio un vuelco considerable. Y esto es solo un simple ejemplo.

Ahora te toca a ti. Seguro habrá mucho por hacer –la vida es un aprendizaje constante–, pero si estás centrado, todo sale de una manera más natural y sencilla. Y se disfruta el camino.

EPÍLOGO

En medio del auge del desarrollo personal, hay que ser sensatos y equilibrados a la hora de trabajar con nosotros mismos. Este no es un camino de autoexigencia. El desarrollo personal nos tiene que ayudar a aceptarnos más, no incentivarnos a cambiar por cambiar ni impulsarnos a hacer nuestro el eslogan de que necesitamos salir de nuestra zona de confort. Nos tiene que ayudar a aceptar más a los demás y no a querer cambiarlos bajo un discurso, ahora, espiritual.

Amarte.

Amarlos.

Amar la vida.

Te invito a dejar de seguir modas y arraigar en ti mismo, a dejar de buscar las respuestas que siempre estuvieron dentro de ti y que solo necesitaban buenas preguntas para salir a la luz.

Quizá estos dos últimos capítulos hubieran tenido que ser los primeros, pero, como ya dije, la idea era presentar un «todo» orgánico, como la vida misma, como yo.

No perdamos el sentido común.

Te deseo amor, luz e integridad para este camino que es la vida.

Siempre al servicio,

ELMA

AGRADECIMIENTOS

Un corazón agradecido es la clave para eso que llamamos paz, gozo, éxtasis o felicidad.

Muchas gracias a Kōan Libros, en especial a Eva y a Fer, ¡por tanto! Por hacerme esta propuesta, por implicaros, por hacerlo fácil, por ponerle mimo y por el buen rollo. A vosotras y a todo el equipo que hay detrás. ¡Gracias!

A Josep López, por ayudarme a perder mi virginidad en este camino literario. Aunque haya pasado mucho tiempo desde esos inicios, no lo olvido.

A Eva de Hilando Lunas, por dedicarme esas preciosas palabras que están puestas al inicio de la segunda parte del libro.

A Borja Vilaseca, por haber confiado en mí siendo yo tan joven para colaborar en ese proyecto tan ambicioso de llevar la espiritualidad a las aulas universitarias en Barcelona y por seguir trabajando juntos en tantos proyectos. Te adoro.

A mi amiga Aileen, por acompañarme en mis procesos emocionales, por sostenerme, y por darme ese acompañamiento en mi práctica diaria que me permite profundizar y arraigar en mi paz.

A mis clientes, a los que tanto quiero. Sí, soy una terapeuta poco formal y amo a mi gente, la abrazo, me salto las reglas convencionales en donde se supone que debemos mantener cierta distancia. Gracias por la confianza y por dejarme entrar a esos espacios tan vulnerables y frágiles en los que habitan vuestro sufrimiento y vuestra sexualidad. ¡El aprendizaje siempre es bidireccional! Gracias por tanto cariño y tantas experiencias que atesoro en mi corazón. Muchos rostros con nombres y apellidos, sellados con mucho amor, aquí, dentro de mí.

A Amparo, por acogerme en su casa para la creación de este libro.

A Marrakech, por inspirarme tanto.

A la vida, por regalarme «eso».